모방이론으로 본 시장경제

차례
Contents

서문 3

제1장 사물의 지옥 11
제2장 '다른 경제'를 위하여 37
제3장 경쟁에서 협력으로 95
제4장 나가면서 106

주 123

서문

경제가 우리 삶과 문화를 위해 봉사해야 하는 것인데, 오히려 문화가 경제에 봉사하고 있는 상황에서 느끼는 분노감. 이런 현상을 낳은 책임 당사자인 경제가 치유자 역할을 자임하는 광경을 보면서 느끼는 당혹감. 이 아득함과 막막함과 분노감과 당혹감이 이 책을 쓰게 된 계기다.

대처 총리가 얼마나 신자유주의 정책에 함몰되어 있는지를 잘 보여주는 TINA(There Is No Alternative: 아무런 대안이 없다)라는 슬로건이 아무런 이의 제기도 받지 않고 통용된다는 것은 정말 참을 수 없는 일이 아닐까? 아니, 이른바 의미 있는 인간의 작업은 결국 모든 종류의 현실에 대한 대안을 모색하는 것이 아닐까?

경제의 문외한이면서도 우리로 하여금 실현 가능성이라는 자기 검열을 애써 무시한 것은 이런 현상에 대해 누군가는 이의를 제기해야 한다는 약간의 의무감과 함께 그만큼 우리 사회의 문제가 위급하다고 느꼈기 때문이다. 격심해지는 경쟁의 열풍에서 벗어나 우애로운 관계 속에서 지낼 수 있는 길은 과연 없는 것일까?

모든 문제를 해결해주는 것처럼 외치고 있는 경제성장이라는 상투적인 구호를 들을 때마다, 경제성장으로 물질이 풍부해지면 인간 행복은 자연스럽게 이루어질 것이라고 믿고 있는 위정자들의 태도에 대한 우리 생각은 다니엘 코엔(Daniel Cohen)의 다음 생각과 일치한다.

인간은 모든 것에 적응하기 때문에 행복할 수가 없다는 것이다. 과거보다 나은 것이 일단 실현되고 나면 그것은 모두 평범한 일상이 되어버린다는 말이다. 그리고 우리 앞에는 행복을 실현해야 할 백지만 남게 된다. 그러나 인간은 이런 적응 자체를 예상하지 못하기 때문에 행복을 꿈꾸는 일에 지치지도 않는다.[1]

코엔은 "행복할 수 없으면서도 헛되이 행복을 꿈꾸는" 우리의 상투성을 비판하고 있다. 그런데 이 비판의 방향을 조금 바꿔보면, 우리의 외부에서 행복을 추구하는 우리 관행을 비난하는 것으로 이해할 수 있다. 다시 말하면 우리의 허기나 욕망은 외부의 것, 즉 물질로는 결코 채워지지 않는다는 것을 뜻한다고 받아들일 수 있다.

왜냐하면 "인간은 모든 것에 적응하기 때문에 행복할 수가 없다"는 코엔의 전제는 우리의 욕망이 어느 한순간 만족을 하더라도 거기에 너무 적응하기 때문에, 다시 말해 더 이상 그것에서 만족을 얻지 못하기에, 행복을 느끼지 못한다는 말로 이해할 수 있기 때문이다. 모두들 익히 경험하고 있는 욕망의 '일시적인 만족과 영원한 불만' 현상은 바로 우리 욕망의 특성을 말해주고 있다. 그것은 바로 '대상없는 욕망'이라는 르네 지라르(René Girard)의 '모방이론'에서 만나는 개념이다.

인간 욕망의 이해에 새로운 시각을 제공해주는 르네 지라르 이론의 배경을 간단히 정리하면 다음과 같다.

지라르의 모방이론은 '우리의 욕망은 타인의 욕망을 모방하여 생겨난다'는 명제에서 시작한다. 가까운 사이인 짝패들 사이에서는 서로가 서로를 모방하는 이중모방의 갈등으로 이어지면서 서로에 대한 시기-선망, 질투-원한이라는 짝패 갈등으로 이어진다. 이 짝패 갈등이 공동체의 붕괴로 연결될 수도 있는 원초적 폭력을 낳는다. 이 폭력을 막는 방책이 희생양 메커니즘이라는 것을 밝혀낸『폭력과 성스러움』과『희생양』이다. 이처럼 인간의 가장 본질적인 문제의 밑바닥인 인간 욕망이 모방에서 시작되고 있기에, 지라르의 이론은 오늘날 '모방이론'으로 불리고 있다.

르네 지라르의 모방이론으로 시장경제 논리를 검토해보려는 이유는, 무엇보다도 앞서 거론했듯이 경제가 문화에 봉사해야 하는 것이 마땅한데도 오히려 문화가 경제에 봉사하는 것이 당연한 것처럼 돌아가고 있는 세태에 대한 분노 때문이다. 경제학 전공자도 아니면서 시장경제 논리의 저변에 녹아 있는 경제원칙이나 경제 논리 자체를 점검해보게 된 것은 이런 분노와 함께 "전쟁이 너무나 중요한 것이어서 군인에게만 맡겨둘 수 없는 것처럼, 교환은 너무 중차대한 것이라서 자본가 대표에게만 맡겨둘 수 없다"는 마크 안스파(Mark Anspach)의 견해에 동의하기 때문이기도 하다.

지라르의 모방이론을 원용하여 기존 경제의 문제를 극복하는 다른 시각을 모색하는 노력은, 장-피에르 뒤퓌와 폴 뒤무셸(Paul Dumouchel)이 함께 쓴『사물의 지옥: 르네 지라르와 경제 논리』를 시작으로 앙드레 오를레앙(André Orléan)의『화폐의 폭력』『가치의 제국』이 있다. 이런 노력은 뒤퓌의 최근

성과 『경제의 미래: 경제 속임수에서 벗어나기』로 이어지며 지금도 계속되고 있다.[2]

인간 욕망의 모방성을 주창한 지라르의 『낭만적 거짓과 소설적 진실』(1961)이 나온 지도 벌써 60년 가까이 돼가지만 우리의 일상이나 인간 내면을 대하는 우리의 생각은 여전히 모방적 욕망 이전단계, 즉 여전히 자율적 욕망이라는 신화 단계에서 벗어나지 못하고 있는 것이 사실이다. 지금 이 책을 쓰게 된 까닭도 바로 이런 엄연한 현실 때문이다.

앞서 지적했듯이 다니엘 코엔이 암시하는 '일시적인 만족과 영원한 불만' 현상은 곧 우리의 욕망이 자연발생적인 것, 즉 대상에 한정된 것이 아니라는 것을 말해준다. 대상이 욕망할 만하기에 욕망한다는 생각은 우리 욕망이 자율적이라는 말이고 대상에서 출발하고 있다는 말이다. 그러나 지라르의 생각을 깊이 따라가다 보면 우리 욕망은 결코 그런 것이 아니다. 이를 한마디로 강조해서 표현한 것이 '대상 없는 욕망'이라는 개념이 될 것이다.

우리는 욕망이 항상 어떤 대상과 연관되어 있다고 쉽게 생각해왔지만 지라르의 모방이론과 '거울뉴런'을 통해서 우리 욕망은 처음부터 어떤 대상을 겨냥하는 것이 아니라는 사실을 확인할 수 있다. 지라르를 비롯한 지라르 연구가들이

'욕망에는 대상이 없다'거나 '대상 없는 욕망'이라는 생각에 이르게 된 것도 이 때문이다. '대상 없는 욕망'의 핵심은 다음과 같다.

우리 욕망의 시원(始原)에는 대상이 있었던 것이 아니라 타인이 있었다. 타인의 욕망을 보고 그 욕망을 모방하면서 타인 욕망의 대상을 우리 욕망의 대상이라고 '관념적으로' 여기고는, 처음부터 우리가 그 대상을 욕망한 것이라고 오인하는 것이다. 그러므로 욕망에는 대상이 없다.

만약 우리 욕망이 어떤 대상에 묶여 있었다면 몇십 년 전이라면 도저히 받아들일 수 없었을 오늘날 한국에서 행해지고 있는 결혼식 관행은 영원히 불가능했을지도 모른다. 그리고 모든 처녀들이 사전에 의논을 한 것도 아니면서 동시에 배꼽을 드러내고 있는 일은 상상조차 하기 어려울 것이다.[3] 이 모든 것이 가능한 것은 결국 유행이라는 이름하에 행해지는 모방이 아니고서는 설명할 수 없다. 여기서 우리는 욕망은 대상에 묶여 있는 것이 아니라 주변의 타인들 욕망에, 더 정확히 말하면 타인의 상태에 묶여 있는 것임을 다시 확인할 수 있다.

경쟁의 원인으로 흔히들 착각하는 재화의 희소성이나 분배의 문제는 이른바 경제의 영역이다. 따라서 우리의 관심은 오늘날 우리 사회를 지배하는 시장경제 논리를 다른 시각에서 검토해보는 작업으로 이어지길 기대한다. 그것은 서로 다른 욕망의 충돌이 바로 경쟁이라는 점에서도 그러하지만 앞에서 거론한 '문화가 경제에 봉사하는' 오늘날 세태에 대한 근본적인 검토가 필요하다고 여기기 때문이다. 그리고 그 과정에서 우리는 일상화한 경쟁, 폭력적이고 살인적인 경쟁, 특히 젊은이들이 스스로 목숨을 끊게 하는 끔찍한 경쟁에서 벗어날 대안의 실마리도 찾아볼 것이다.

지라르의 생각처럼 우리의 욕망이 어떤 대상에서 나온 것이 아니라 타인의 욕망에서 나온 것이라는 것을 깨달은 이후에 바라보는 경제 현상은 기존의 경제이론에서 보는 것과 사뭇 다를 것이다. 모방이론에서 바라보는 경제와 기존 시장경제 논리가 바라보는 경제는 얼마나 다른지를 느끼는 과정에서 우리가 모색하는 대안으로서의 새로운 경제에 대한 어렴풋한 윤곽이 드러나기를 기대해볼 수 있을 것이다.

이를 위해 제1장에서는 모방이론을 원용하여 기존경제에 새로운 시각을 제시하는 뒤퓌와 뒤무셸 공저의 『사물의 지옥』에 녹아 있는 모방이론에 입각한 경제를 살펴보게 될 것이다. 여기서 우리는 '희소성'에 대한 뒤무셸의 검토를 통해서 사람 사이의 불화가 사물의 결핍, 즉 희소성에서 기인하는 것이라 강변해온 기존의 경제 논리를 새롭게 바라보게 될 것이며, 뒤편의 '선망의 경제'에서는 인간 사회의 경제적 삶은 사물이 아니라 인간 사이의 관계에 따라 좌우된다는 새로운 열림을 경험하게 될 것이다.

제2장에서는 지금의 시장경제 논리의 문제점을 짚어본 다음, 대안으로 생각해볼 수 있는 다양한 시도를 검토해볼 것이다. '대안이 없다'는 대처의 생각과는 달리, 지금의 시장 경제 논리의 문제를 극복할 수 있을 새로운 시각을 다양하게 맛볼 수 있기를 기대한다.

제3장에서는 경제 논리의 결과인 경쟁만능주의를 극복할 대안으로 '협력 경제' 혹은 '관계 경제'의 가능성을 검토할 것이다. 마지막 제4장에서는 지금껏 살펴본 대안 모색이 갖는 꿈의 성격을 현실과 대비해서 검토해보았다. 이른바 '실현 가능한 꿈'이라는 말이 갖는 모순을 직시할 수 있기를 바란다.

제1장 사물의 지옥

사물의 지옥

르네 지라르의 모방이론을 원용해서 시장경제 논리의 문제점을 극복하려는 노력은 여러 차례 있었다. 가장 대표적인 성과는 장-피에르 뒤퓌와 폴 뒤무셸이 공동 저술한 『사물의 지옥』이다.[1] '르네 지라르와 경제 논리'라는 부제가 말하고 있듯이, 이 책은 모방이론에 의지하여 기존 경제학의 문제점을 파헤치면서 시장경제와 신자유주의가 불러온 위기를 극복할 대안을 모색하고 있다.

우선 기존 경제학에 던지는 날카로운 지적부터 들어보자.

이 세상이 도구적이고 기술적인 상품의 논리에 빠져버리고 교환이 인간사의 의미와 가치를 잠식하는 현실에 대해 경제학은 입이 열 개라도 할 말이 없을 것이다. 그것은 경제학 자체의 특이한 발전 과정도 그와 똑같은 속성을 지니고 있다는 그 대단한 이유 때문에도 더욱 그렇다. 우리는 이 특이한 발전 과정을 통해 경제학을 설명할 수 있을 뿐, 경제학을 통해 이 발전 과정을 설명할 수는 없다. 따라서 우리가 경제학을 비판하는 이유는 경제학이 사회 현실을 완벽하게 설명하지 못해서가 아니라, 비상식적인 이 세상을 너무도 쉽게 인정하고 있기 때문이다. 우리는 경제학의 역기능보다는 그것의 상대적인 효용성 때문에 더욱 불안하다.2

흔히 자유주의자로 불리는 오늘날의 시장경제주의자들은 인간 욕망의 모방적 특성에 대해 참으로 무지하다. 이들은 사람이 오로지 이기적인 욕망에 사로잡혀 이익을 추구한다고 주장한다. 그리고 오늘날 사회적 갈등의 원인을 재화의 부족, 즉 욕망 대상의 희소성에서 찾고 있다.

그러나 지라르 모방이론에 기대서 경제학을 다시 세우려는 장-루이 코리에라스(Jean-Louis Corriéras)는 "지라르는 욕망의 모방이 낳은 결과를 희소성으로 파악한다. 시장경제주의자가 사회구성원의 경쟁 원인을 희소성에서 찾고 있는 것

도 모방적 욕망에 대한 무지, 혹은 도외시 때문"이라고 보고 있다.[3]

희소성이 과연 인간사회 갈등의 원인일까?

희소성의 문제 — 뒤무셀

뒤무셸에 따르면, 기존의 자유주의 시장경제주의자는 애초부터 재화의 희소성을 전제하고 있다. 다수의 행복을 충족할 충분한 재화가 없다는 전제에서 출발하여 사회 갈등의 원인 역시 이 희소성을 통해 설명하려는 것이 오늘날 경제학의 근본적인 태도라 할 수 있다.

이용 가능한 재화와 자원이 합법적으로 모든 사람에게 분배되기에 부족할 때, 지나치게 많이 가진 자를 제거하려는 목적으로 공개적이고 부당한 물리적 폭력이 분출되는 현상을 피할수 없다. 희소성은 이렇듯 분쟁의 본질적인 원인이다. 폭력의 진짜 산술이 존재하는 셈이다. 여기서 선의는 아무런 영향을 미치지 못한다. 희소성은 사람들에게 폭력을 행사하고 또 사람으로 하여금 서로 갈등하게 한다. 이것이 바로 폭력에 관한 합리적인 설명이라 할 수 있다.[4]

희소성에서 출발한 경제이론은 모든 문제의 원인을 외부 자원의 희소성 탓으로 돌림으로써 평화로운 현상유지의 토대를 만드는 것으로 자처해왔다. 뒤무셸에 따르면 그 과정은 다음과 같다.

전통적인 자유주의 사상가들은 대개 '희소성'이라는 단 하나의 원인으로 폭력·악·가난 등을 설명한다. 『독일 이데올로기』에서 마르크스와 엥겔스는 '생산력의 발전'은 계급투쟁과 공산주의의 세계적 도래를 위한 필요불가결한(sine qua non) 조건이라고 보면서 "만약 이것이 이루어지지 않으면 빈곤이 일반화되고 생필품에 대한 투쟁이 일어나게 되면서 우리는 다시 오래된 수렁으로 빠지고 말 것이다"라고 주장한다.[5]

후기산업사회의 이론가인 마셜 매클루언 같은 사람은 "인간은 사물의 제국으로부터 자유로울 때에만 비로소 진정한 의사소통을 할 수 있다"고 말하는데, 여기서도 희소성의 나쁜 영향이 암시되어 있다. 결핍은 인간을 전쟁으로 몰고 가고 희소성은 인간의 욕망을 동일 대상으로 향하게 한다. 그러므로 결핍은 사람들을 어쩔 수 없는 경쟁 관계로 몰아간다는 것이 그런 생각이다. 오늘날의 폭력과 인간의 불행은, 굳이 진상을 정확히 따져보지 않더라도 인간 자신보다는 이런 물자 사정이 더 책임이 있다고 쉽게 생각할 정도였다. 그래서 경제학자들은 몽

테스키외 이래로 항상 "상업의 자연적 결과는 평화 유지"라고 가르쳐왔다.

희소성 때문에 폭력이 일어난다고 설명하게 되면 가치 판단도 필요 없으며, 모호하고 불확실한 어떤 폭력 본능 같은 것을 가정할 필요도 없어진다. 희소성이 폭력의 원인이기 때문이다. 동시에 이런 설명은 상업적 거래의 당위성을 담고 있다. 자원이 희소하기에 교환이야말로 평화로운 삶을 위한 최선의 행위라고 볼 수밖에 없어지기 때문이다. 이런 설명은 "희소성과의 투쟁"[6]인 경제는 동시에 폭력과의 투쟁이라는 것을 은연중에 주장하는 효과도 볼 수 있다.[7]

뒤무셸에 따르면, 기존 경제학은 여기서 더 나아가 인간 사회의 모든 폭력의 원인을 사람이 아니라 자원의 결핍, 즉 희소성으로 몰아갔다. 그렇게 함으로써 부족한 자원 때문에 생겨나는 경쟁은 평화 유지를 위한 어쩔 수 없는 전략인 것으로 탈바꿈되고, 자연스럽게 개인과 집단의 관련성은 희미해진다.

이처럼 인간 사회의 모든 문제를 물자의 부족 탓, 즉 인간 외부의 탓으로만 돌림으로써, "혼란의 도발자가 질서의 대리인으로 변신"하면서 "경쟁을 평화를 위한 수단으로 변화시키는" 경제이론의 문제점을 뒤무셸은 이렇게 비판한다.

기존의 경제이론은 혼란을 희소성 탓으로, 폭력을 부족한 자원 탓으로 돌림으로써 경제성장, 교환의 일반화, 경제 활동의 자유화 등을 평화를 위한 최선의 토대로 내세운다. 이처럼 경제는 이기심·선망·탐욕·허영을 경제성장의 원동력으로 삼음으로써 모든 경쟁 관계와 잠재적 폭력을 마치 사회 내부의 평화를 위한 수단인 것처럼 포장하고 있다. 혼란의 도발자가 질서의 대리인으로 변신하는 형국이다. 선망·허영·이득을 향한 함정, 염치없는 착취, 약자에 대한 강자의 억압도 성장에 도움이 되기만 한다면 그대로 내버려둬야 한다는 것이다. 희소성으로 폭력을 설명하는 이런 방식은 개인의 혼란과 집단의 혼란 사이의 관련성을 단절할 뿐 아니라, 앞서 말했듯이 경쟁을 사회 내부의 평화를 위한 수단으로 탈바꿈시키기까지 한다. 사회 구성체의 조화를 보장하는 것은 다름 아닌 개인 사이의 불화가 된다. 경제사상은 이렇듯 어떤 사건의 개인적 결과와 사회적 결과를 분리하고 대립시키고 있다.[8]

개인적 결과와 사회적 결과의 분리와 대립은 곧 개인의 악이 사회의 선이 될 수도 있다는 가치 전도로 이어진다. 이것은 곧 "예전에 존경받던 법과 관습을 이제는 더 이상 지키지 않아도 된다는 것을 의미"하고, "모럴이 사회적으로 쓸모없다는 것을 인정"하는 결과가 된다. 이 결과로 "모럴 없는 정치가 가능"해진다. 그래서 뒤무셸은 "전통적인 모럴이 무너지고 있는 것은 바로 이 경제의 정치적 효용성 때문"이며, "이리하여 경제는 도덕보다 더 높은 상위의 도덕"이 된다고 한탄한다.[9]

이어서 뒤무셸은 경제와 폭력의 불가분성을 지적한다.

폭력과 경제적 질서는 불가분한 것으로 이 둘은 똑같은 상황에서 발원한다. 경제가 성립하는 원초적 상황을 정확히 지목하기는 어려운데, 그것은 바로 그 상황에서 경제가 태어났지만, 동시에 폭력도 태어났기 때문이다. 경제의 패러독스는 그것이 폭력과 구분될 수 없다는 데 있다.[10]

'경제가 폭력과 구분되지 않는다'는 사실은 희소성이 이로운 면과 해로운 면을 모두 포함하고 있다는 사실과 연관이 있다. 뒤무셸에 따르면 경제가 지금과 같은 사회적 위상을 유지하려면 희소성의 이로운 면과 해로운 면이라는 이중성이 모두 필요하다. 경제가 정치적·도덕적 가치를 부여받으려면 희소성이 혼란의 원인이면서 동시에 질서의 기반인 것처럼 비쳐져야 한다. 다시 말해 희소성이 양면성을 띠어야만 한다.

하지만 실제 현실에서는 희소성의 양면성이 감춰져야 한

다. 그렇지 않으면 불확실성이 모든 것을 지배하게 될 것이기 때문이다. 그래서 경제학은 해로운 희소성에는 '폭력', 이로운 희소성에는 '경제'라는 각기 다른 이름을 붙임으로써 그것이 애초부터 다른 두 개의 것인 양 분리하는 전략을 구사한다.[11]

이상과 같은 경제 논리를 일단 존중해보자. 다시 말해 희소성이 인간 불행의 기원이며, 그래서 희소성과의 전쟁에서 이기기만 하면 불행도 사라진다는 논리를 인정해보자. 그러면 모든 것이 해결될까? 이런 경제 논리를 인정한다고 해서 결코 모든 문제가 해결될 수 없다는 것은 누구나 알고 있다. 왜 그럴까? 시장경제 논리는 희소성과 싸우고 있다고 하지만, 결코 희소성에서 벗어나지 못하기 때문이다. 물론 선망이나 대상에 대한 탐욕과 같은 인간의 욕망이 있기에 경제 활동이 가능하지만, 경제적 교환이 힘의 관계일 때 그것은 본질적으로 희소성과 연관되어 있다는 데 문제가 있다.

희소성을 통해 폭력과 악과 가난을 설명하는 것은 경제가 스스로 모럴과 정치적 가치를 획득하는 데 반드시 필요한 과정이다. 만약 이런 식의 설명이 없었다면 개인주의의 개인적 악이 혼란의 전적인 원인으로 여겨졌을 것이다. 부(富)가 질서를 낳는다는 그 이유 때문에, 경제는 사회적 이상이 되어 정치

영역까지 포섭하면서 다른 모럴을 밀쳐낼 수 있었던 것이다.12

이처럼 경제에는 사회에서 일어날 수 있는 폭력의 원인으로 희소성을 지목함으로써 질서를 유지하는 정치적 기능이 부여되었다. 그러나 이런 기능은 경제를 하나의 모럴로까지 격상시키면서 전통적인 모럴의 사회적 효용성마저 무력화한다는 데 문제의 심각성이 있다.

여기에는 정치적 의도가 숨어 있다. 다시 말해 이 같은 논리는 우리로 하여금 희소성 때문에 폭력이 생겨난다고 믿게 하고, 따라서 사회 구성원 사이의 협력에 높은 가치를 부여하던 전통적 모럴을 사회적으로 쓸모없는 것으로, 즉 효용성이 없는 것으로 여기게 함으로써 사회질서를 유지하고 있다는 것이다.

모방이론의 관점에서 뒤무셸은 희소성의 의미를 다음과 같이 명확히 규정하고 있다.

희소성을 규정하는 것은 재화와 자원의 양도, 자연의 결핍도 아니다. 희소성은 각 개인 사이의 관계에서 생기는 것이다. 사회적 공간은 희소성이 나타나게도 하고 나타나지 않게 할 수도 있다. 그러나 이것은 순전히 사회적인 것이다. 희소성은 그것을 낳는 주체 사이의 교환의 관계망에서만 존재할 수 있다.13

선망의 경제 — 장-피에르 뒤퓌

『사물의 지옥』 공동 저자인 장-피에르 뒤퓌는 모방이론에 기대어 인간 사회에서 갈등을 유발하는 원인을 추적하던 중, 풍족한 재화를 소유한 사람이 주변 사람들에게 유발할지도 모르는 선망과 질투를 피했던 선조의 지혜를 들려준다.

포스터(George M. Forster)의 연구결과[14]를 참조하던 뒤퓌는 "배불리 먹으면서 아이들도 건강하게 잘 자라고 게다가 수확도 넉넉한 사람, 즉 살아가는 데 필요한 것을 넉넉히 소유한 사람들이 높은 명성과 지위를 얻는 경우는 어디에도 없었다"는 사실을 확인한다.[15] 그는 조심스럽게 재산을 숨기거나, 자신의 지위가 대수롭지 않다는 듯이 스스로 자신을 낮추는 인류 공통의 성향을 드러내는 사례를 소개한다. 그런데 이는 불과 얼마 전까지만 해도 우리에게 매우 익숙한 풍경이었다.[16]

멕시코의 시골에서는 임신한 여인은 복대로 배를 최대한으로 꽉 죄어서 그 사실을 감춘다. 그러다가 혹시 탄로 나면 아프다고 둘러댄다. 타이완과 이집트에서 부모들은 아이들에게 아주 보잘것없는 이름을 지어주고 남루한 옷을 입힌다. 포스터의 연구 중에서 숫자도 많으면서 가장 인상적인 것은 음식에 관한 것이다. 음식을 먹을 때는 숨어서 먹고, 시장에서 음식물을 사올 때도 숨겨서 오며 조리와 식사도 가장 짧은 시간에 해치 운다. 집의 구조나 도시 생활 때문에 감추는 것이 여의치 못할 때는 차라리 정반대되는 해결책을 이용한다. 혼자 떨어져서 식 사하는 것은 못 배운 표시이기에 이웃을 식사에 초대하는 것 이 그것이다. 어쨌든 음식은 사회적 지위의 표시가 아니다.[17]

타인의 선망을 피하려던 옛사람들의 풍습을 폭넓게 조사 하던 뒤퓌는 '마요르도모(mayordomo)'라는 관습을 소개한다. 이 관습 역시 '자신의 재산을 숨기려는 관행'의 배경이 된 정 신을 반영한다.

포스터는 '마요르도모'라는 라틴아메리카의 흥미로운 풍습 을 소개하는데 이것은 어떤 사람이 물질적으로 많은 수입을 얻었을 때 과도하게 많은 부가 있다는 사실 자체가 사회 안정 에 위협이 된다고 보고, 큰 잔치를 베풀어 그 부를 소비하여 '지워버리는' 풍습이다. 음식물·음료·옷·불꽃·양초는 이런 식 으로 '희생'되는데, 이리하여 사람들은 평등을 되찾는다.[18]

이런 진술에 담겨 있는 행간의 의미를 지라르식으로 말하 면, 옛사람은 인간 사회의 불화를 낳는 짝패 갈등의 원인을 잘 알고서 이를 피하는 방책을 갖춰놓았다고 말할 수 있다.

르네 지라르가 '욕망의 형이상학성' 혹은 '관념적 욕망'이라고 부르던 것을 뒤퓌는 명확히 밝히고 있다. 사람들이 한정된 수량의 어떤 것, 즉 명성·명예·영광·지위 등과 같은 것을 지향한다. 하지만 이런 것들은 '환상이나 요술' 같다는 것이다.

사람들이 서로 소유하려고 다투는 '한정된 수량'의 어떤 '사물'에 들어 있는 본질에는 흡사 이들 사이에 '어떤 것'이 돌고 있는 것 같은 속성이 있다. 흐르는 것과도 같은 이 '어떤 것'을 오늘날 사회는 '명성' '명예' '영광' '지위' 등 다양한 이름으로 부르고 있다. 그런데 이런 이름의 어원은 이런 것들이 실은 하나의 환상과 요술이라는 것을 말해주고 있다.[19]

뒤퓌가 각주에서 밝힌 '명성'이라는 말의 어원은 다음과 같다.

Praestigium: 인위적인 것, 환상. '명성'을 뜻하는 프랑스어 prestige에서 나온 prestidigitateur는 '마력을 부리는 사람' '요술사'라는 의미의 이탈리아어 prestigatore에서 변형되어 나온 것이다.[20]

사정이 이런데도 불구하고 '명성'이 정말 대단한 것인 양 뒤쫓고 있는 오늘날의 세태를 향해 뒤퓌는 "과거보다 결코 진보한 것이 아니"라는 따가운 일침을 가하고 있다.[21] 이어서 그는 그리스어 '쿠도스(kudos)'를 통해 우리가 그토록 원하는 것이 실은 '일시적이고 덧없는 것'임을 고대인은 이미 알고 있었음을 전해주고 있다.

호메로스에게 '쿠도스'는 적수들이 서로 차지하려고 다투는 대상이지만 실제로는 아무것도 아니었다. 하지만 이것을 소유한 자는 자신의 힘이 현저하게 커지면서 적수들을 사로잡는 것을 느낀다.

그러나 이것을 영원히 소유할 수는 없고 단지 일시적으로만, 그것도 언제나 상대를 희생시킬 때에만 소유할 수 있었다. 단지 신들만이 이것을 영원히 누릴 수 있었을 뿐이다.[22]

지라르가 『폭력과 성스러움』에서 설명하는 '쿠도스'는 뒤퓌의 이런 진술을 더 쉽게 이해할 수 있게 해준다.

'쿠도스'는 전투의 목표 그리고 특히 그리스인과 트로이인 사이에 있었던 일대일 결투의 목표였다. …… '쿠도스'는 폭력이 행사하는 마력이다. 폭력은 모습을 드러내는 곳마다 사람들

을 유혹하는 동시에 소름 끼치게 한다. …… 인간들이 끊임없
이 서로 빼앗는 지고의, 그러나 존재하지 않는 목표와 같은 이
'쿠도스'가 존재하는 한, 평화를 회복할 수 있는 효과적인 초월
은 없다. …… 전투에서 불리할 때 호머[호메로스]의 전사들은
"오늘은 제우스가 '쿠도스'를 적에게 주었지만, 내일은 우리에
게 줄 것"이라고 확신하며 전략적 후퇴를 정당화했다.23

'쿠도스'를 언급하는 뒤퓌의 의도는 결국 우리 욕망의 형
이상학성 혹은 관념성을 말하고자 한 것으로 볼 수 있다. 지
라르의 모방이론에서 파생되는 '쟁점 대상의 이동'의 설명과
같이, 실제로 뒤퓌도 '형이상학적 욕망'을 언급하면서 경쟁
상태에 들어가면 원래 대상, 즉 '쟁점 대상'이 형이상학의 지
배를 받게 된다는 점을 다음과 같이 정확히 지적하고 있다.

이제 대상은 없다. 아니, 경쟁의 목표였던 대상은 사라지고
오히려 경쟁 자체가 대상이 된다. 이 순간 경쟁은 짝패들에게
하나의 장애물이 된다. 형이상학적 욕망의 이 같은 최종 단계
는 '극단으로 넘어가는' 어떤 중간 단계로 생각할 때에만 이해
할 수 있다. 처음에는 대상에 대한 모방적 경쟁이 있다. 그러다
가 점차 외부의 요소와 내부의 역학이 상호작용을 일으키면서
중개자의 거리가 가까워지고 '이중 명령'의 정도도 심해진다.

경쟁은 서로를 모방하는 이중 중개인데, 이중 중개는 서로를 증오할수록 경쟁자들을 더 가깝게 만든다. 그래서 애초의 대상은 실질적인 의미보다는 형이상학적인 의미만 남게 된다.[24]

이런 상태에서는 명성의 획득만이 중요한 것으로 남지만, 앞서 보았듯이 실은 우리 모두 그 '명성'이라는 것이 별것이 아니라는 사실을 잘 알고 있다. 그런데 왜 사람들은 명성을 얻기 위해 그토록 애를 쓰는 걸까? 뒤퓌는 "그들 싸움에 의미를 부여할 만한 것이 따로 없다면 싸우고 있는 당사자들은 스스로 미쳤다는 것을 고백하지 않을 수 없기 때문이다"라고, 다시 말해 열렬히 욕망하고 있는 우리가 스스로 거기에 어떤 필연성을 부여해야 할 필요가 있기 때문이라고 말한다.[25]

뒤무셸과 뒤퓌가 모방이론에 기대어서 제시하는 생각과 기존의 시장경제 논리의 차이점과 강조점을 정리하면 다음과 같다.

① 시장경제 논리는 재화의 양이 부족해서 인간 사이의 문제가 발생한다고 보지만, 모방이론은 인간의 문제를 인간관계의 문제, 즉 인간 내부의 문제로 본다.

② 희소성의 원인을 자원의 결핍으로 보는 것이 시장경제 논리라면, 개인들 사이의 관계, 즉 사람 사이의 교환망에서 희소성이 생긴다고 보는 것이 모방이론이다.

③ 시장경제 논리는 재화의 희소성 때문에 경쟁과 폭력이 발생한다고 보지만, 모방이론은 모방적 욕망에서 비롯한 경쟁 때문에 재화의 희소성이 생기며, 이 경쟁 때문에 폭력이 발생한다고 본다.

④ 시장경제 논리는 사회 구성원에게 희소성 때문에 폭력이 발생한다고 믿게 한다. 그래서 시장경제 논리는 구성원의 협력을 높이 평가하던 전통 모럴은 사회적으로 무용하다고 여기게 함으로써 사회 질서를 유지하고 있다.

여기서 우리는 재화의 희소성이 왜 모방적 욕망의 산물인지를 더 깊이 따져볼 필요가 있다. 희소성은 수요와 공급의 불일치, 정확히 말해서 공급보다 수요가 많다는 것을 의미한다. 그런데 수요는 바로 우리의 욕망이다. 모방이론에 따르면 우리 욕망은 대상이 촉발하는 것이 아니라 타인의 욕망을 모방함으로써 생겨난다. 이때 타인의 욕망을 우리는 주변 정황으로 볼 수 있는데, 이렇게 보면 주변의 정황에 따라 우리 욕망의 크기도 변하고 있는 셈이다.[26]

모방이론에서 밝혀놓은 욕망의 모방성을 수요에 적용하

면 수요도 변하는 것이다. 수요의 가변성을 염두에 두면 오늘날 시장경제 논리가 펼치고 있는 이른바 '비교우위에 의한 교역의 효능'이라는 주장에서 허점을 발견할 수 있을 것이다. 수요의 크기가 변하지 않는다고 보는 시장경제 논리는 인간의 욕망이 변하지 않는다고 전제하는 것과 다름없다는 점에서 모방이론과 큰 차이를 보이는데, 이를 지라르식으로 '낭만적 거짓의 시각'이라고 부를 수 있을 것이다.

시장경제 논리를 집단적 자기기만이라고 비난하면서, 경제에 기초한 오늘날의 삶은 결코 '진보'가 아니라고 주장하는 뒤피의 다음 지적에서 우리는 오늘날을 지배하고 있는 '경제'라는 것의 실상을 다시 한번 돌아보게 된다.

부(富)는 그것을 소유한 사람에게로 다른 사람들의 탐욕 어린 시선을 집중시킨다. 설령 그것이 타인들이 탐할 가치가 없는 것이라도 상관없다. 중요한 것은 탐욕의 시선 그 자체다. 우리 모두 자신도 모르는 사이에 내심 즐기고 있는 것이 바로 이 시선이기 때문이다. 경제는 결국, 모두가 속는 사람이자 속이는 사람인, 속이기 게임이다. 거대한 집단적 '자기기만'이다.27

케인스 경이 언젠가 농담 삼아 다음과 같은 방식으로 실업을 해결할 수 있다고 말했다고 전해진다. 그것은 실업자를 두

무리로 나누어 한 무리는 땅을 파고 다른 무리는 그것을 다시 뒤덮는 일을 시킨다는 것이다. 우리가 하고 있는 일도 크게 보면 바로 이것과 같다. 이것을 '진보'라고 부르는 것은 아주 특별한 유머감각에서 나온 것이다.[28]

오늘날 재화의 양이 증가한다고 해서 우리의 생활수준도 나아졌다고 말할 수는 없을 것이다. 예전의 상품이 사라진 자리를 새로운 상품이 차지하고 있는 와중에 '삶의 질'을 결정하는 '비물질적 요소'들은 갈수록 더 교묘하게 파괴되어 가고 있고, 그 자리를 물질적 재화들이 그럭저럭 메꾸어가고 있는 것이 오늘날 우리 삶의 형국이다. 이를 두고 뒤퓌는 '풍요의 배반(trahison de l'opulence)'이라 부른다.

국가 재정기관은 시장가격을 통해 문제 상품의 수량을 조절함으로써 이 난점을 해결하려 한다. 하지만 그렇게 하여 '삶의 질'을 향상시킨다고 주장하는 것은 완전히 거짓이다. 무엇보다도 경제우선주의자들인 오늘날의 정책입안자는 그 과정에서 사라지는 비물질적 요소를 완전히 무시하고 있기 때문이다. 그중에서도 우리가 느끼고 있는 대표적인 무시 사례들을 뒤퓌는 다음과 같이 정리한다.

① 우리 삶의 시간과 공간은 분해되고 있지만 완전히 무시

되고 있다. 이렇게 끊어진 것을 이어주는 데 수천 킬로미터를 달리는 자동차가 꼭 필요한 것이 아니다.

② 노동조건과 환경에 의해 건강이 악화되고 있는 것도 망각되고 있다. 그러나 오랜 시간의 입원, 약품과 진료도 이런 병을 쾌유시키지 못한다.

③ 사회적 연대가 퇴조하고 상호부조와 이웃 정서가 사라지고 있는 것도 무시되고 있다. 다양한 사회단체의 활동이 파괴된 이것들을 복원하려 애쓰지만 아직 역부족이다.[29]

이런 무시를 당하면서도 시장경제 논리 속에서 행복을 꿈꾸면서 살아가는 우리의 모습을 뒤퓌는 이렇게 비꼬고 있다.

'경제인(homo economicus)'이란 아주 머리 좋은 동물이다. 갈수록 너무 정교해져 있는 우회로를 거칠 생각에 몰두한 나머지 그는 종종 직선으로 더 빨리 가는 것을 잊어버리고 있다. 그것은 또 다른 기계를 만들어낼 기계를 만들어내느라고 노력하고 수고하고 있는 셈이다. 이리하여 이 수고는 종종 그것이 절약하고 있는 수고와 노력을 추월하기도 한다. '시간을 벌 수 있게 해준다'고 자처하는 강력한 엔진을 만드는 데 들어간 시간은 그것이 실제로 절약한 시간을 무효로 돌리게 한다.[30]

자동차가 오히려 사람들 간의 거리를 더 멀게 하고, 의료가 아픈 사람들을 더 많이 양산하고 있는 이런 상황을 두고 우리는 '아주 특별한 유머감각'을 갖고서 '진보'라고 부르고 있는 셈인데, 이런 상황을 뒤퓌는 다른 말로 '경제의 네메시스'라고 명명하고 있다.[31]

희생양 메커니즘인 시장경제

모방이론에서 보면, 오늘날의 시장경제는 희생양 메커니즘의 하나로 볼 수 있는 여지가 많다. 이런 생각을 전개하는 대표적인 지라르디앵으로는 에릭 키츠밀러, 마크 안스팍, 장-피에르 뒤퓌와 폴 뒤무셸 등을 들 수 있다.[32]

희소성 개념을 살피면서 시장경제에 들어 있는 폭력성을 엿본 뒤무셸을 통해서, 시장경제 논리는 인간사회의 문제를 희소성 탓으로 돌리고서 희소성을 해결하는 것, 즉 경제성장이 공공선이라는 주장을 펼치고 있는 것을 살펴본 바 있다.

뒤무셸이 밝히고 있듯이, 희소성은 물자에서 나오는 것이 아니라 교환의 관계망에서 존재하는 것이다. 하지만 우리는 한 걸음 물러서서, 오늘날의 시장경제는 스스로 주장하듯이 희소성이라는 결핍 해소에 진정으로 노력하고 있는가 하는 의문을 제기할 수 있다. 시장경제의 표면상의 목표는 재화와 용역을 제공하여 결핍 문제를 해소한다는 것인데, 실제로 시장경제는 과연 이런 노력을 하고 있는 것일까? '실제' 성과와는 무관하게 주식가치가 갑자기 상승하기 직전에 구매하는 투기적 거래야말로 최고 업적으로 통하는 것이 시장경제 논리의 한 측면이다.

또 뒤퓌에 따르면 금융경제의 '재화'는 대부분 주식·채권·증서와 같이 장부에 기록된 것뿐이며, 이른바 '실물경제'란 것도 흔히는 확인된 실재 재화나 서비스에 연관되어 있긴 하지만 대부분은 금융경제의 논리를 그대로 따르고 있다. 이 말은 우리의 욕망이 타인의 욕망에 대한 모방에서 나온다는 모방이론으로 수렴한다는 의미다.

다시 말해 어떤 대상에 대한 타인의 욕망이 그 대상이 욕망할 만하다는 것을 우리에게 가르쳐주었기 때문에 우리는 그 대상을 욕망한다는 말이다. 이런 시각에서 우리는 "부(富)는 우리가 그의 시선을 받기를 바라는 사람, 즉 우리를 바라보는 그 사람이 원하는 모든 것"이라고 정리할 수 있다. 이처럼 모두 투기 논리에 기초해 있기에 금융경제와 실물경제라는 '규범적' 구분은 언젠가는 효력이 없어질 것이라고 뒤퓌는 전망한다.[33]

경제성장이 결핍을 해소한다고 주장하지만, 그 해소는 얼마 안 가서 더욱 복잡한 다른 결핍을 낳는 것으로 변하고 만다. 모두 느끼다시피, 오늘날 사람들 대부분은 가혹한 삶이 과거에 비해 줄어들었다는 데에 동의하지 않는다. 35세 이하 미국인 15퍼센트는 우울증을 경험하고 있다. 프랑스에서는 30년 동안 항우울제 소비량이 3배로 증가했으며, 15~25세 젊은이 자살률은 2배로 늘었다. 미국의 행복지수는 1950년대에 비해 30퍼센트 가까이 감소하였다. 조사를 거듭해도 결과는 늘 한결같다.[34]

그 결과 끝없는 경제성장이라는 지속 불가능한 요구로 이어지고 있는 것이 지금의 형국이다. 흔히 말하는 환경파괴 논란에서, 피할 수 없는 분야의 성장에 더 많은 투자를 함으로써 그 수익금으로 환경 복구사업에 지원한다는 '자연을 위한 성장'이라는 구호처럼 자기합리화에 젖어 있는 것이 지금의 형국이라고 말할 수 있다. 문제 해결을 위한 방책 자체가 또 다른 문제를 낳고 있는 현상을 우리는 앞서 뒤쫓아 든 사례들에서 충분히 확인할 수 있었다.

마크 안스팍은 화폐를 통한 지금의 시장경제는 애초에 있던 사람 사이의 관계를 앗아가버렸다고 본다. 관계의 소멸을 통해 희생양을 만들어내는 것을 망각하게 한다는 것이다. 그의 말을 들어보자.

화폐의 지불은 사람들 사이에 움트는 관계의 싹을 앗아가 버린다. 답례의 의무감을 제거하고 있다는 말이다. 시장 거래는 파는 사람과 사는 사람을 모든 연결고리로부터 벗어나게 해준다. 선물이 복수의 악순환을 끊는 데 비해 화폐는 선물의 선순환을 끊고 있다고 말할 수 있다. 제의에서 어떻게 이런 거래가 일어날 수 있었는지 궁금했다. 고대 인도의 『베다』문헌을 보면, 화폐의 지불은 모두들 멀리하고 싶어하는 위험한 임무를 수행하고 있는 희생제의 집행자에 대한 보상으로 처음 시작되었다는 것을 알 수 있다. 그리스에서 화폐는 폭군의 얼굴과 관련이 있다. 그 정통성이 전통적인 질서에서 나오지 않는 왕이나 강탈자들이 그들이다. 자신이 도전하는 상호적 의무의 시스템을 무너뜨리기 위해 이 폭군은 자신이 돈을 주고 사들인 용병들을 이용하였다. 원래는 제의적인 행위였던 전쟁이 이렇게 되어 아예 직업적인 활동이 되었다. 오늘날 화폐경제의 모든 거래에는 원래 제의적인 폭력을 행하는 임무를 가졌던 자들을 대상으로 하던 (지금과는 거리가 먼) 이런 메커니즘이 들어 있다.[35]

팔고 사는 사람들이 모든 연결고리로부터 벗어나게 하는 시장경제는 관계의 소멸을 가져온다. 이 순간 사라지는 관계는, 화폐가 끊고 있는 "복수의 악순환을 끊는 선물의 선순환"

이라고 정리할 수 있을 것이다. 다시 말하면 화폐 거래는 교환 당사자들의 연대를 끊고, 그래서 모든 상호성의 의무도 사라진다. 시장 거래 속에서는 이웃이 배가 고파도 먹을 것을 주어야 할 의무도 없고, 집도 없이 추위에 떨고 있어도 그의 복수를 대신 해줄 의무도 없다.

이렇듯 제3자의 희생을 통한 성장과 팽창은 자신의 희생을 인식할 때까지 지속되면서 더 많은 팽창과 성장의 동기를 제공해줄 것이다. 기존의 팽창이 가져온 부정적인 결과를 치유하기 위해서는 다시 팽창을 시작해야 한다는 식의 처방전은 이제 거의 일반적인 것이 되어 있다. 더 많은 투자, 더 많은 성장이 모든 문제를 해결할 것이라는 일방적인 낙관 속에서 살아가는 우리의 모습이라 할 수 있다. 시장경제는 표면적으로는 번영과 평화를 주고 있다는 인상을 심어주기 때문에 사람들은 자신이 희생양 만들기에 공모했다는 사실을 모르고 가담할 수 있다.

앞서 거론하였듯이, '실제' 성과와는 무관하게 주식가치가 갑자기 상승할 것 같은 그 순간에 행한 투기적 거래야말로 금융시장에서 최고 업적으로 통하고 있다. 여기서 우리는 경쟁의 부작용을 다시 한번 확인하게 된다. 이런 시각은 경쟁에서의 승리만을 최고 목표로 보는 시각이기 때문이다. 이런 시각 속에서는 재화와 서비스의 질의 개선이 주된 목표가 되지 않고 경쟁에서 자신의 위상이 나아지는 것만이 최고 목표가 되는 것은 어찌 보면 당연한 귀결인지도 모른다. 개인 이기심의 발로가 사회 전체적으로는 긍정적인 결과를 낳는다는 초기 자본주의의 믿음을 그대로 따르면, 자신의 위상을 개선하는 것이 때로는 재화와 용역의 양과 질을 높여서 사회에 이바지하는 것일 수도 있다. 우리는 이런 측면을 시장경제의 이로운 점이라고 볼 수 있다.

그런데 이상한 것은, 시장경제의 이로운 점에 대한 지대한 관심과는 달리 '시장사회'가 가져다준 피해에 대한 관심은 거의 없다는 것이다. 경제는 여러 가지 가치의 증가를 실행하고 있지 그 반대는 아니라고 보는 것이 사람들이 경제에 대해 갖고 있는 흔한 생각인 것 같다. '시장사회'에서 오는 부정적인 면은 가치증가에 따라오는 지불해야 할 대가, 그것도 피할 수 없을 때 지불하는 대가로 여기고 있다. 말하자면 정상적인 경제 활동에 따라 발생하지만 당연히 줄여야 할 비용으로 받아들여지고 있다. 좀 더 거칠게 말하면 우리는 대개 시장경제의 긍정적인 면을 볼 때와 똑같은 비중으로 시장경제의 부정적인 면을 보지 못하고 있다. 이 순간 우리는 지라르가 희생양 메커니즘을 논하면서 지적한 '인지불능'을 떠올리게 된다.

이렇게 놓고 보면, 오늘날의 시장경제 논리는 지라르의 '희생양 메커니즘'을 그대로 빼닮았다는 지라르디앵들의 주장을 부정하기 힘들 것이다. 여기서는 오늘날의 시장경제는 보이지 않는 누군가의 희생 위에서 작동하고 있는 또 하나의 '희생양 메커니즘'이라는 정도만 확인하기로 하자.

제2장 다른 경제를 위하여[1]

'비약적인 생산성 실현'이라는 꿈을 이룬 우리는 놀랄 만한 물질적 풍요를 누리고 있다. 그렇다면 우리가 꿈꾸었던 행복이 보장되어야 할 텐데 실제는 그렇지 못하다. 아니, 인간 본연의 여건에서 보자면 오히려 더 열악한 삶을 사는 것이 사실이다.

그중에서도 가장 근본적인 문제는 오늘날 사회에서 일어나는 가치관의 전도, 혹은 가치관의 부재 현상일 것이다. 한 사회를 지탱하는 가장 귀중한 기반이자 사회적 공감대를 유지하는 믿음과 가치관이 사라지고 붕괴하는 순간, 사회 구성원의 일상은 매 순간 욕망을 충족하려는 경쟁으로 점철될 것이다. 물질이 풍요로운데도 삶의 격과 질은 더 낮아지고 있는 것을 어떻게 설명할 수 있을까?

이를 설명하기 위한 지금까지의 모색은 주로 인간적 문제의 원인을 인간 내면을 통해 바라보기보다는 주로 상품이나 자원과 같은 외부에서 접근한 것이 대부분이다. 우리는 인간적 진실에 보다 더 다가간 직접적이고 구체적인 인간적 측면을 고려하여 살펴볼 필요가 있다고 생각한다. 더 구체적으로 말하면, '생산성 향상'이나 '시장경제의 자유화'와 같은 경제 논리는 실제로 구체적인 인간의 현실과 다소 거리가 멀다고 말하고 싶다. 더 거칠게 말하자면 지금 우리가 겪고 있는 위기와 파국은 사회를 주로 집단적 관점에서만 이해하고 개조하려고 했던 태도에도 일말의 책임이 있을 것이다. 오늘날 환경과 금융과 도덕에 있어서 전 지구적 위기상황에 몰려 있는 우리에게 필요한 것은 인간의 입장에서 인간관계에 기초한 해법을 모색하는 인문학적 자세지, 생산성이니 물질적 풍요니 성장이니 하는 시장경제 논리처럼 인간을 대상화·객관화하는 자세가 아니기 때문이다.

기존 경제의 실상을 지적하는 다니엘 코엔의 말을 들어보자.

미국의 토머스 필리폰과 프랑스의 올리비에 고드쇼는 양극화가 심화된 것은 내적으로 금융의 개입 때문이라는 사실을 잘 보여주고 있다. 10년 동안 금융기관 간부의 보수는 9배 증가하였다! 1996년에서 2006년 사이에 연봉 100만 유로 이상을 받는 상위계층의 소득 상승은 50퍼센트 이상의 금융기관 소득으로 설명할 수 있다. 영국에서는 이 수치가 70퍼센트로 올라간다. 올리비에 고드쇼는 이 기간 중에 일어난 분야별 변화를 연구하였다. 백만장자는 1976년에는 36퍼센트가 제조업 분야에서 나왔는데, 금융은 6퍼센트에 불과하고 다른 서비스 분야는 14퍼센트에 불과했다. 그런데 2007년에는 제조업종사자는 14퍼센트에 불과하고, 서비스분야가 26퍼센트이며 금융 분야가 24퍼센트를 차지하고 있다.2

이런 자각과 분노에서 우리는 '효율성과 경쟁력 추구'라는 이 시대의 지배적 신화를 비판적으로 바라보면서 이와는 다른 길을 조심스럽게 탐색해보고자 한다. 그러기 위해서는 먼저 오늘날 우리 사회를 작동시키고 있는 경제 논리의 본질부터 점검해야 할 것이다. 표층적 현상의 수정만으로는 핵심이 되는 근본적인 시각을 변화시킬 수 없기 때문이다. 오늘날 사회가 겪고 있는 질곡은 선택의 문제, 가치관의 문제, 더 정확히 말하면 세상을 바라보는 시각의 문제라고 말하고 싶다.

모방이론을 통해서 우리의 욕망이 모방에서 비롯했다는

사실을 깨닫고 나면 오늘날 '시장사회'는 자연적인 당위이거나 자명한 것이 아니라, 오히려 자명하고 당연한 것을 도외시한 결과라고 말할 수 있다. 모방이론을 통해 시장경제 논리를 점검한다는 것은, 지라르의 표현을 빌려 말하면 '낭만적 거짓'의 태도를 벗어나서 '소설적 진실'의 시각으로 시장경제 논리를 되돌아보는 것을 의미할 것이다.

기존 경제 논리를 모방이론의 시각에서 검토하는 우리는, 경제 영역이 과도하게 확대되면서 사회에 심각한 왜곡 현상이 빚어지게 된 것은 인간 존재를 모방적 존재가 아닌 자율적 존재로 상정한 시장경제 논리의 대전제에서부터 시작된 것이라고 보고 있기 때문이다. 그렇다면 자율적 인간이라는 전제에서 시작하는 시장경제 논리는 과연 어떤 원리로 작동하면서 어떤 왜곡을 낳고 있을까?

시장경제 논리 짚어보기

'더 많은 이익을 위해서라면 약간의 편법이나 부도덕도 어쩔 수 없다'는 생각이 통용되고, 풍요롭고 윤택한 삶을 위한 경제성장은 이루었지만 정작 시민들은 품격 있는 삶과는 갈수록 멀어져가고 있는 것이 지금 우리가 목격하고 있는 현상이다.[3] 이런 현상의 원인은 복합적이겠지만, 그중에서도 오늘날 우리의 일상에 가장 큰 영향력을 행사하는 자본주의 시장경제 논리의 문제점과 그에 대한 가능한 대안을 생각해 보자.

오늘날 이런 상황을 만든 '주범이 도리어 치유자 역할을 하려는' 작금의 상황에 대한 분노와 우려가 경제의 문외한인 우리로 하여금 이런 시도에 나서게 했다고 말할 수 있다. 오늘날 경제위기의 책임에서 결코 자유롭지 않을 시장경제 논리를 펼치는 경제학자가 하고 있는 다음 발언을 들어보자.

구매자와 판매자의 자발적 상호작용, 즉 자유시장에서 형성된 가격은 각기 자신의 이익만 생각하는 많은 사람들의 행동을 조정할 수 있다. 그 결과 모두의 상황이 개선된다. …… 가격 시스템은 이리하여 자기 임무를 충분히 완수한다. 이때는 주된 방향이 없어도 가능하고 사람들은 이야기도 하지 않고 또 서로 사랑하지 않아도 된다.[4]

밀턴 프리드먼의 이 주장을 듣고 "경제는 자신이 분비한 독을 없애는 해독제가 되려 한다. 프리드먼이 외치는 이 시장 찬가를 어떻게 달리 해석할 수 있겠는가"라고 하는 뒤퓌의 분노가 우리의 분노이기 때문이다.[5]

경제원칙: 획일화의 오류

돈의 중요성은 누구도 부정하지 못하지만 오늘날 지나치게 팽배한 배금주의 풍조를 보면 지금까지와는 다른 시각에서 돈의 중요성을 따져볼 필요를 느끼게 한다.

곰곰이 따져보자. 인간사에서 돈이 중요하지 않았던 적이 있었던가. 세상에서 가장 오래된 문화·종교·법률의 기록에도 돈과 재물의 이야기는 빠지지 않는다. 그러니까 역설적으로 문제는 돈, 즉 물질의 중요성 여부에 있지 않다. 문제는 돈이 중요하다고 해서 '돈만이 중요하다'고 생각하고 말하는 데 있다. 왜냐하면 '돈이 중요하다'는 말이 객관적인 진술이라면 '돈만이 중요하다'는 말은 주관적인 진술이기 때문이다. 이 주관적 진술이 객관적인 것처럼 통용되면서 보편적 가치인 것처럼 될 때 사회는 오늘날과 같이 팍팍한 상황에 놓이게 된다. '돈만이 중요하다'는 주장은 '공기만이 중요하다' '물만이 중요하다' 혹은 '사랑만이 중요하다'는 주장만큼이나 잘못된 것이다.

인간이 생존하는 데에는 공기·물·사랑만이 아니라 그 밖에 많은 것이 필요하고 또 돈도 필요하다. 이 가운데 어느 것이든 없거나 부족하면 생존 자체를 위협받는다. 그런데도 어느 하나가 다른 모든 것보다 월등히 중요하다는 주장은 엄격히 말해서 거짓이다. 거짓의 이면을 자세히 들여다보면 이처럼 단 한 가지 원칙을 강요하는 주도적인 세력이 있다는 것을 알 수 있다. 단 한 가지 원칙만이 존재하는 순간, 우리 삶은 때로 '지옥 같은 것'이 될 수도 있다. 모방이론에서 살펴보았듯이 하나의 기준만이 존재하는 획일성은 경쟁을 부추기기 때문이다.

행복을 위해서는 돈이 필요하다. 더 정확히 말하면 그뿐만이 아니다. 행복하기 위해서는 사랑도, 명예도, 학문과 교양도 돈만큼이나 필요하다는 사실을 인정하는 사회는 오늘날 사회와는 다르게 덜 힘겨운 세상일 것이다. 아무리 착하게 살고 열심히 공부해서 학문과 교양이 깊고 넓다고 해도 돈이 없다는 이유로 인정받지 못하는 삶은 절망적일 수밖에 없다. 하지만 공부도 못하고 돈도 권력도 없지만 다른 일에서 존재의 의미를 찾을 수 있는 삶은 분명 덜 고달픈 삶일 것이기 때문이다.

단 하나의 기준만 있는 삶이 힘든 또 다른 이유는, 이런 식의 삶은 이른바 속물(俗物, snob)의 삶이기 때문이다. 한 번 더 기억을 떠올려보자. 속물이란 어떤 사람인가? "누구든 당신의 작은 일부분을 가지고 당신의 사람됨 전체를 정의해버리는 사람"이다.[6] 사람에게는 여러 가지 자질이 있는데 그중 단 한 가지만으로 그의 인격 전체를 재단하는 태도가 바로 속물근성이다. 도덕성도 인품도 형편없는 인물이지만 대단한 부호라는 사실만으로, 다시 말해 '돈'이라는 단 하나만의 기준으로 그를 평가하는 것이 바로 속물근성이다. 여러 기준 중에서 자신에게 유리한 특정한 기준 한 가지만을 중시하는 스노비즘(속물근성)이야말로 오늘날 우리가 목격하는 우리 사회의 모습이다. 이처럼 돈을 제1원칙으로 주장하는 세력은 대부분 경제 영역에서 월등히 우월한 지위를 획득하고 있는 자들이란 것을 보더라도 그러하다.

사실, 오늘날 귀에 못이 박이도록 듣는 "경제를 살리자"는 구호만큼 자명하고 설득력 있는 것처럼 들리는 말도 드물 것이다. 불과 몇십 년 전 대학의 이념이었던 진리·자유·정의와 같은 가치들은 경제 논리와 상충하는 순간 뒷전으로 물러나는 것이 오늘날 실정이다. 그렇다면 '경제'란 것의 정체가 과연 무엇이기에 감히 아무도 그에 대해 이의를 제기할 수 없을 정도로 필수적이고 보편적인 것이 되었을까?

경제적인 것이 우리 삶을 움직이는 가장 큰 요인이며 이에 따르는 것이야말로 합리적 인간이라고 보는 호모 에코노미쿠스에 의혹을 던지는 우리 일상의 에피소드를 살펴보자.

한 혈액원의 원장이 헌혈자에게 사례금을 제공함으로써 헌혈자가 늘어나기를 기대하였다. 그러나 결과는 전혀 뜻밖에도 정반대였다. 헌혈자의 숫자는 줄어들었다. 그 이유는 그렇게 어려운 것이 아니었다. 헌혈자는 희생정신이 있는 사람이다. 이들은 도덕적 행위와 타인에 대한 배려에 익숙한 사람이다. 그런데 이들에게 보상을 지급한다는 것이 모든 것을 변화시켜 놓았다. 남을 돕는 것이 아니라 돈을 버는 것이 되는 순간 이들 의 헌혈은 그 성격이 바뀌고 말았던 것이다. 다른 생각이 생겨 나게 되는 것이다. 뇌엽의 다른 쪽이 활발하게 반응하면서 도 덕적인 인간 대신에 호모 에코노미쿠스가 들어선 것이다. 어떤 방에 경제적 인간이 들어서면 도덕적 인간은 그 방을 떠나게 된다. 이 둘은 분명 각자의 역할이 구분되어 있다. 그렇기 때문 에 한 식탁에 같이 앉을 수가 없다.7

우리 인간은 물론 경제적인 이득을 바라기는 하지만, 항 상 그런 것도 아니고 오히려 이타적인 행위에서 더 큰 즐거 움과 만족을 얻는 존재라는 증거는 우리의 일상을 조금만 유심히 살펴도 쉽게 찾아볼 수 있을 것이다.

'경제'의 어원   '경제'란 무엇일까? 동양에서 '경제(經濟)'라는 표현은 경세제민(經世濟民), 즉 '나라를 다스리고 백성을 구 제한다'는 의미에서 비롯했다. 이에 비해 서양에서 경제를 말하는 economy는 그리스어로 '집'을 뜻하는 oikos와 '관리' 를 뜻하는 nomia가 합쳐진 oikonomia가 어원으로 '집안 살림 관리'라는 의미에서 출발했다. 동양에서 '경제'의 개념은 국가나 집단이 기본 단위인 반면, 서양에서 'economy'의 개념은 집안을 단위로 하고 있다는 차이점을 확인할 수 있다. 이런 의미를 담은 이 단어에서 파생된 동사 economize는 곧 '절약한다'는 의미다.

오늘날 우리 사회에서는 모든 것의 '장점'이라는 표현이 '경쟁력'이라는 말로 대체된 듯하다. 이때 경쟁력은 곧 '비용 대비 효과가 뛰어나다'는 것을 의미한다. 그것이 바로 '최소 비용으로 최대 효과'를 얻는다는 경제원칙(economic principle)이다. 경제원칙에서 말하는 경제는 바로 위에서 살펴본 economize(절약하다)에서 나온 것임을 알 수 있다.

'최소 비용, 최대 수익'은 모든 사람의 욕구다. 우리가 비용을 적게 들이고 효과를 크게 볼 때 즐거움을 얻게 된다는 점에서 이것은 프로이트가 말하는 '쾌락 원칙'의 범주에 속한다고 말할 수 있다. 되도록 불쾌감을 피하고 쾌락을 누리려는 무의식의 경향인 쾌락 원칙은 인간의 본능적인 영역에 속한다. 이처럼 인간 본능에서 나온 '최소 비용, 최대 수익'의 욕구를 이른바 합리적 인간인 '경제인(homo economicus)'의 정당한 선택으로 인정해도 과연 괜찮은 것일까?

경제원칙을 철저히 적용해보면 새치기하는 사람이나 남의 작품을 표절하는 사람이야말로 '최소 비용으로 최대 수익'을 얻는 '탁월한 경제인'이라고 말할 수 있을 것이다. 아닌 게 아니라, 오늘날 경제가 발전할수록 경제 사범이 늘어나고 또 이들도 자신이 저지른 범죄 행위에 대해 죄책감이 희박한 것이 사실이다. 심지어 일반 대중은 경제 사범으로 여러 건의 전과가 있는 정치인을 "경제만 살린다면 상관없다"며 국가 중책에 선출하고, "사업하다 보면 어느 정도 법을 어기는 것은 어쩔 수 없다"는 식의 느슨한 도덕적 잣대를 적용한다. 이 모든 것이 이른바 '경제원칙'이라는 것과 무관하지 않을 것이다.

가치전도 현상

아무리 옳은 것이라 하더라도 비용이 많이 들면 '나쁜 것'이 되고, 아무리 나쁜 것이라 하더라도 비용이 적게 들면 '좋은 것'이 되는 것은, 오늘날 사회를 지배하고 있는 경제원칙 때문이다. 그러므로 이제는 옳고 그름의 기준은 사라지고 단지 비용이나 확률을 나타내는 수치의 단순 비교만 남게 되었다. 51퍼센트와 49퍼센트의 차이는 2퍼센트포인트라는 미세한 차이에 불과하지만, 그 결과는 100퍼센트와 0퍼센트만큼의 차이를 보여주는 것이 경제 논리가 빚어내고 있는 오늘의 현실이다.

사실 경제학이 지금처럼 각광을 받은 것은 그리 오래된 일이 아니다. 경제학이라는 학문이 인류에 미친 긍정적인 업적은 부인할 수 없지만, 경제학이 노벨상 부문에 들어간 것은 비교적 최근의 일이다. 특히 1929년 미국 대공황을 이겨내는 데 기여한 케인스 경제학의 공헌은 가히 혁명적이었던 것으로 알려져 있다. 이를 통해 인류 행복을 실현하는 하나의 학문으로 인정받은 경제학이 노벨상의 한 부문으로 들어가 수상자를 선정하게 된 것은 1969년부터다. 경제학의 역사를 자본주의 경제학의 역사로 한정해볼 때, 이 학문은 각광받고 있는 비교적 젊은 학문분야라 할 수 있다.

그러나 1980년대 말부터 지금의 경제학이 갖고 있는 여러 가지 난점이 드러나기 시작하면서 경제학에 대한 근본에서부터의 재평가 필요성이 거론되어온 것이 사실이다.

기존의 경제학으로는 더 이상 희망이 없다는 인식을 같이한 세계 경제학자들의 모임으로서 런던에 본부를 둔 'TOES(The Other Economic Summit)'라는 특이한 이름의 단체는 1984년(런던)과 1985년(본)에 이어 1995년에는 오스트레일리아에서 대토론회를 개최한 바 있다. 영국의 녹색당 사무총장을 지냈고 TOES의 실무책임자이기도 한 녹색경제학자 폴 에킨스(Paul Ekins)는 여기서 나온 40여 명의 논문을 정리하여 『생명의 경제』[8]라는 이름으로 집대성하였다.

이 책은 현대 산업경제의 위기를 철저히 인식하고, 이러한 산업경제를 뒷받침해온 종래의 관행 경제학의 근본적인 무능력과 부적절성을 지적하고 있어, 진보적인 경제학자들의 지혜가 집대성되어 있는 이 방면의 선구적인 저작으로 평가받고 있다.[9]

새로운 경제학을 꿈꾸는 이들은 우선 인간 욕망에 대한 정확한 이해를 촉구한다.

인간적 욕구의 문제는 '새로운 경제학'에서 중심적인 의미를 갖고 있다. 현 경제제도의 가장 두드러진 역설은 산업화된 국가든 세계 전체든 간에 풍요와 빈곤이 공존하고 있다는 점이다. 많은 면에서 생산의 문제는 해결되었다. 그러나 가장 부유하다는 나라에서조차 물질적인 절대 빈곤이 지금도 여전히 대규모로 존재한다.[10]

우리의 궁핍은 오로지 빈곤에서 오는 것이기 때문에 생산을 늘리면, 즉 생산력만 향상시키면 인류의 행복은 보장되는 것이라 주장해온 것이 기존 경제학의 태도다. 그러나 위의 에킨스의 지적처럼 생산의 문제가 해결되어도 물질적인 절대 빈곤은 해결되지 않고 있다. 또 다른 경제학자 고노 마쓰(Kono Matsu)는 곤궁에 처한 경제학의 상황을 이렇게 전하고 있다.

1970년대 이래 이 학문(경제학)의 예언은 계속해서 과녁을 빗나가고 있으며 언론으로부터도 조롱의 대상이 되고 있다. 「뉴스위크」지는 "경제학자들이 무슨 소용이 있는가?(What good are Economists?)"라는 헤드라인을 달았으며, 「유에스 뉴스 앤드 월드 리포트」지는 "다시 면목 잃은 경제학자들(It's back to doghouse for Economists)"이라고 선언한 바 있다. 경제학의 허점을 지적한 많은 비평가 중의 한 사람인 헤이즐 헨더슨(Hazel Henderson)은 "경제학은 학문이 아니다. 그것은 위장된 정치학일 뿐이다"라고 쓰고 있다. "현재의 경제학 이론은 18세기의 논리로 된 바퀴로 과연 언제까지 계속 달릴 수 있을까?"라고 배링턴 네비트(Barrington Nevitt)는 의문을 제기하고 있다.11

시장경제 이론에 이의를 제기하는 사람은 비단 경제학자뿐만이 아니다. 2012년 『경제의 미래: 경제 속임수 벗어나기(L'Avenir de l'économie: sortir de l'économystification)』라는 책을 펴낸 장-피에르 뒤퓌는 이 책을 집필하게 된 동기를 이렇게 말하고 있다.

내가 주목하는 요즘 유행어가 있다. 그것은 "문화는 경제의 동력이 되어야 한다"는 표현이다. 이것이 바로 내가 '경제 속임수'라고 부르는 것이다. 이 표현에서는 마치 경제가 무엇보다도 가장 중요한 것처럼 설정되어 있다. 다시 말해 '문화는 경제에 봉사해야 한다'는 것을 의미한다. 하지만 나는 "경제가 문화에 봉사해야 한다"고 말하고 싶다. …… 내 말은 우리가 중시해야 하는 것은 문화이지 경제가 아니라는 것이다.[12]

이 주장을 정리하자면, 뒤퓌가 '문화'라고 통칭하는 우리의 정신적 삶이 온전히 유지되도록 경제가 봉사해야 하는 것이지, 거꾸로 우리의 삶이 경제에 봉사해서는 안 된다는 것이다. 우리에게 정말 중요한 것은 경제가 아니라 바로 문화이기 때문이다. 곰곰이 새겨볼 말이다.

뒤퓌는 또 오늘날 경제가 작동하는 방식에 관해 중요한 사실을 지적한다. 역설적으로 '실물경제'라는 별개의 용어가 존재하듯이 경제는 실물이 아니라 기대감이나 두려움이라는 미래에 대한 기대와 예측으로 작용한다는 것이 그것이다. 이런 사실은 주식시장 같은 금융경제의 속성을 생각해보면 쉽게 이해할 수 있을 것이다. 뒤퓌의 이 지적을 모방이론의 시각으로 옮기면, 경제는 실질적인 방식이 아니라 관념적이고 형이상학적인 방식으로 작동한다고 말할 수 있을 것이다.

책임지지 않는 시장　오늘날의 시장경제는 결과에 대해 책임을 지지 않는다. 마크 안스팍의 다음 지적을 보자.

점보 제트기가 추락하면 책임자를 가리는 조사가 있게 된다. 그러나 지구상에서 매일 기아로 죽는 사람들 숫자는 점보 제트기 사고로 몇백 년 동안 죽는 사람들 숫자와 같다. 이런 사태의 책임은 따져볼 것도 없이 시장에게 있다. 사실을 말하면 아무도 책임이 없는 것과 같다. 희생의 폭력이 집단에서 용인된 것과 마찬가지로 집단적으로 용인된 폭력에 대해 개인적으로는 어느 누구도 책임이 없기 때문이다.[13]

비행기 사고에 대해서는 엄중한 조사가 행해지는 데 반해 시장경제의 잘못으로 숱한 사람이 죽는 것에 대해서는 무감각한 세태를 보면서, 우리는 '시장에게 책임을 물을 수 없다'는 생각이 왜 통용되고 있는지 의문을 품지 않을 수 없게 된다. 안스팍의 말대로 오늘날의 시장경제 논리는 "집단적으로 용인된 폭력"이기 때문일까?

시장의 탈(脫)윤리 및 탐욕의 일상화　우리는 초기의 자본주의 경제학이 유용성 개념의 조작을 통해서 윤리적 판단에서 벗어나게 된 과정을 살펴본 바 있다. 그 과정을 간략히 소개하

면 다음과 같다.[14]

지금의 경제학이 당시 정치경제학이라는 이름으로 등장한 초기 자본주의 시절, 프랑스의 경제학자 장-밥티스트 세 (Jean-Baptist Say)가 유용성(쓸모 있음)의 개념을 일반적인 의미와 전혀 다른 의미로 사용하였을 때 당시 사람은 큰 혼란을 겪었다.

'유용성' 혹은 '쓸모 있음'에 대한 당시의 일반적 의미에 반해서 세가 제시한 유용성의 의미는 그 기준 자체가 다르다. 기존의 유용성이 '이성의 눈'으로 판단한 것이라면 세가 말하는 유용성은 그 물건을 사용하고 있는 '그 사람의 눈'으로 판단해야 한다는 것이다. 세의 생각을 따르면, 가령 어떤 사람이 어떤 물건을 사용하고 있다면, 그 물건을 사용하는(쓰는, use) 사람의 시각에서 보면, 그 물건은 이미 쓸모 있음(useful)을 확보하는 것과 마찬가지가 된다. 이미 자신이 그 물건을 쓰고 있기 때문이다.

이렇게 되면 세의 논리는 '쓰고 있기 때문에 쓸모 있다'는 동어반복이 되고 또 이 동어반복은 '쓰임새(유용성)가 있어서 쓰이는 것이 아니라, 쓰이고 있으므로 쓰임새가 있다'는 일종의 순환논법을 이루게 된다. 그래서 "인간이 갖고 있는 어떤 필요나 욕망을 만족시킬 수 있는 모든 것"을 유용성으로 보아야 한다는 주장도 가능해진다. 인간의 욕구를 채워줄 수 있는 것이면 무엇이든 유용한 것이라는 말이다. 이렇게 되면 인간 행동이나 물건의 유용성 유무를 따지는 데는 더 이상 윤리적인 차원은 고려의 대상이 되지 않고 오직 그 물건을 사용하는 사람 '그 자신'만 문제가 되게 된다.

초창기에 이런 과정을 겪은 자본주의 경제체제이기에, 오늘날 우리가 겪고 있는 윤리적 판단의 혼란, 가치의 혼란, 개인적 악덕이 경제적 가치라는 이름으로 미화되면서 전체를 위한 유익한 활동으로 치부되는 모순적인 상황이 만연하게 된 것이라고 말할 수 있다.

이런 모순적인 상황이 일시적인 현상이 아니라 최근에 들어서는 신자유주의를 기화로 더욱더 만연해지고 있는 것을 목격할 수 있다. 그 결과 아주 개인적인 차원, 더 정확히 말하면 동물적인 욕구의 차원을 그대로 용인하는 추세를 보게 되는데, 이런 추세를 '탐욕의 일상화'라 이름 붙일 수 있을 것이다.

금융경제의 탈윤리   시장경제의 탈윤리와 탐욕이 가장 잘 드러나는 영역은 금융자본주의 세계일 것이다. 이른바 실물경제와 구분되는 금융경제는 크게 보자면 비물질적 재화 경제의 하나로 볼 수 있다. 알다시피 지금 지구적으로 영향이 큰 경제 영역은 더 이상 실물경제가 아니라, 연구개발이나 광고·

유행·금융과 같은 비물질적 재화를 다루는 경제가 맡고 있다. 오늘날 후진국에서는 아직도 물질적 재화의 경제에 주력하고 있지만 선진국에서는 바로 이 비물질적 재화의 경제에 주력하고 있다. 가령 어떤 사람이 우리나라 고유 작물의 철저한 조사 수집을 통해 그 종자의 특질을 국제기구에 먼저 등록하면 이에 대한 배타적 권리를 인정받아 우리나라에 로열티를 받고 판매할 수 있는 독점적 권리를 갖게 되는 지적 소유권 같은 것이 이런 비물질적 재화에 해당된다.

연구개발(R&D)비는 사회 전체의 이익을 위한 필수적인 사업 경비인 사회간접자본으로 인정받아 국가재정으로부터 지원을 받고 있다. 그러나 연구개발이 지향하는 바는 공동체 전체의 이익을 향하고 있지 않다. "연구개발은 오늘날 95퍼센트가 부자나라에서 이루어지고 있다. 예컨대 암·당뇨·알츠하이머같이 부자나라 환자들이 주로 앓는 질병에 대한 연구는 활발하다. 그러나 말라리아와 같은 질병에 대해서는 지불 능력이 있는 환자가 없기 때문에 연구가 제대로 이뤄지지 않고 있다"고 지적하는 코엔은 "비물질적 생산을 지배하는 선진국은 세계의 공공선을 고려하지 않고 행동한다"고 단언한다. 당연한 이야기이지만, 민간의 이윤 창출과 사회 전체의 공공선과는 반드시 일치하는 것이 아니라는 말이다.[15]

비물질적 재화경제의 최고 형태인 금융자본주의가 세계를 휘젓고 다니는 것이 얼마나 위험한지는 전 세계가 지금도 벗어나지 못하고 있는 미국의 서브프라임 위기를 통해 우리는 절감하고 있다. 공동체 전체는 망해도 금융회사는 성장하거나, 회사는 망해도 경영진은 큰 이득을 보는 것이 오늘날 금융경제에서 흔히 볼 수 있는 현상이다.

영국의 「파이낸셜 타임스」지는 서브프라임 위기가 발생하기 전 3년 동안 거대 금융사들의 경영진이 얼마나 벌었는지 연구한 적이 있다. 이 기간에 금융기관들은 4조 달러의 손해를 입었지만 그곳 경영진들은 거의 1000억 달러를 벌어들였다는 것이다.16

금융이 이런 지경에 이른 것은 온갖 규제를 없애고 금융이 금융 본래의 역할을 벗어나서 중앙은행의 규제를 받지 않는 비은행 금융회사인 '그림자 금융체제(shadow banking system)'를 만들어내면서부터 시작되었다. 투자은행·헤지펀드·보험회사·사모펀드(부채를 얻어 비상장기업을 매도하는 펀드)들이 성장한 결과다. 새로운 기회를 최대한 활용하기 위해 은행들은 대차대조표에 나타나지 않는 전대미문의 조직인 '구조화 투자회사'를 만들었으며17 이를 활동기반으로 삼아

건전성 규제를 피했다. 은행들은 레버리지(leverage, 지렛대)라 부르는, 자기자본을 동원하지 않고 대출을 받아 고수익 자산에 투자하는 기법을 사용하여 월스트리트의 새로운 꿈을 완성했다. 즉, '공장과 노동자가 없는 기업'을 만들어낸 것이다. 예금을 유치할 필요도 없이 컴퓨터 앞에 앉아 시장만을 상대로 금융활동을 한다. 이들은 대출을 해주는 대신 대출을 '증권화'한다. 즉, 다른 금융기관이 제공한 신용대출을 모아 새로운 상품으로 만들어 시장에 내놓는다. 예금유치나 대출 같은 일상 업무를 외주화하고 금융공학이라는 핵심 업무에 집중한다. 이 때문에 금융 역사상 가장 심각한 파산의 요인들이 자리 잡게 되었다.[18]

그런데 이같이 기형적인 금융기관들은 절대로 손해를 보지 않았다는 데서 또 다른 문제점을 드러내고 있다. 투자자가 전적으로 빚을 낸 자금으로 주식 트레이더와 금융가들이 투자를 하는 순간부터 왜곡된 인센티브가 작동하게 되어 있기 때문이다. 빚을 내서 투자한 것이 이익을 내면 이들은 빚을 갚고 돈을 대준 투자자와 이윤을 나누었다. 그러나 만일 투자한 것이 상환능력이 없는 실패한 투자였다면 그 손실은 전적으로 투자자가 져야 했다. 그러니까 투자회사는 4조 달러 손해를 입어도 회사 경영진은 1,000억 달러를 벌 수 있는 이 희한한 구조! 이것이 바로 몇 년 전 선진 금융기법을 도입해서 큰 수익을 내겠다고 포부를 밝히던 전(前) 대통령이 꿈꾼 바로 그 기법일 것이다.

윤리적 판단에서 벗어나게 된 탐욕은 이제 더 이상 버려야 할 대상도 아니게 되었다. 알다시피 예전에는 탐욕은 가능한 한 거부하고 멀리해야 하는, 즉 부끄러워해야 하는 것이었지만 이제는 더 이상 이런 부담을 가질 필요도 없어지게 되었다.

탐욕을 더 이상 부끄러워하지 않게 된 또 다른 원인으로는 줄리언 에드니(Julian Edney)의 다음 지적처럼, 지금과 같이 시장경제 체제가 굳건히 자리 잡은 뒤부터는 탐욕을 공개적으로 비난하는 목소리마저 희미해진 추세의 탓도 들 수 있을 것이다.

탐욕이 도덕적인 가책을 잃어가고 있는 것처럼, 오늘날에는 탐욕을 비난받을 만한 것으로 기록하고 있는 사전은 거의 없다.[19]

탐욕에 대한 공개적인 비난이나 이의 제기가 사라지게 된 추세의 책임에서 자유로운 사람은 없을 것이다.[20] 이런 점에서 오늘날 사회의 탐욕에 대한 에드니의 다음 비난은 우리에게도 그대로 적용될 수 있을 것이다.

대도시 한편의 사람들은 고기를 내버릴 정도로 호화판 파티를 열고 있는 반면에 같은 도시 다른 편에서는 고기를 살 수 없을 정도로 가난한 사람이 살고 있을 때, 이것은 도덕적 문제인가 도덕적 문제가 아닌가?

이 질문에는 다음과 같은 답변이 뒤따른다. "아무 문제도 없다"에서 "네, 물론 문제죠"까지, 그리고 "기술적으로는 문제이지만 윤리적인 문제는 아니다"라는 답변에서 "문제인 것 같지만, (잔뜩 겁먹은 표정으로) 당신은 어떤 해결책이 있나요?"라는 답변 사이의 숱한 답변도 있다. 하지만 이런 문제는 너무 낡은 문제인 양 하품만 하는 사람도 있다. 이처럼 다양한 반응이 곧 우리가 살고 있는 사회를 말해주고 있다.[21]

이런 질문은 너무 철 지난 문제로 받아들여질지 모르지만, 흔히 듣게 되는 "그런 문제에 대해서는 나도 익히 알고 있다. 하지만…… 현실이 그런데 우리가 어쩔 수 없지 않은가" 하는 정도의 고백이 비교적 양심적인 대답일 것이다. 사정이 이렇게까지 변하게 된 것은 그만큼 우리 스스로 자신이 탐욕을 거부의 대상으로 여기지 않는 탓도 있지만 무엇보다도 큰 원인은 탐욕 자체를 '부끄러움'의 대상으로 보고 있지 않는 경향 때문일 것이다.

그러나 정작 더 심각하게 고려해야 할 문제는 이런 탐욕 그 자체보다는 탐욕의 추세에 대해 아무도 더 이상 문제를 삼고 있지 않다는 데에 있다. 탐욕의 일상화 혹은 만성화는 부도덕에 대한 너무 지나친 관용으로 이어지면서 가치관 자체의 전도로 이어지고 있다.

부도덕 불감증 "도덕적으로 비난받을 일을 저질렀더라도 지역구를 위해 일만 잘하면 상관없다"는 시민들의 발언은, 몇 년 전 성추행으로 논란을 빚은 모 국회의원을 두둔하는 지역구민의 반응이었다. '도덕적으로는 나쁜 일을 행하더라도 지역구를 위한 일만 잘하면 된다'는 생각 아래에 흐르고 있는 가치관은 부도덕을 용인하는 정도가 아니다. 아예 부도덕을 느끼지 못하는 '부도덕 불감증'이라 할 수 있다.

그러나 깊이 생각해보면 이런 가치전도 현상이 그 지역구민만의 것이 아니라는 데에 문제의 심각성이 있다. 오늘날 사회 도처의 판단기준은 이제 더 이상 옳고 그른 것에 있지 않다는 것은 누구나 느낄 것이다. 거칠게 말하면 이제는 '돈이 되는 것'이 지고지순의 가치기준이 되어 있다.

오늘날 만연해 있는 탐욕 창궐의 원인으로 에드니는 자본주의 시장경제 논리를 들고 있다. 시장경제 논리의 원조는 애덤 스미스의 『국부론』으로 대표되는 새로운 개인주의 철학인 고전적 자유주의다. 하지만 고전적 자유주의의 당시 이름은 흔히 '공리주의(功利主義)'로 번역되는 Utilitarianism, 즉 '유용성(utility) 만능주의'였다.

공리주의라는 이름으로 존재하던 초기 자본주의의 주장의 저변에는, 후에 애덤 스미스의 '보이지 않는 손'이라는 이름으로 윤색될 낙관주의가 들어 있었다.

공리주의는 종교보다는 세속적인 동기부여를 이용해서 인간의 행동을 설명하고 있다. 쾌락(행복)과 고통의 감정이 그것이다. 쾌락은 좋은 것이라는 것이다. 그것의 윤리학은 이러하다. 쾌락과 고통의 각 부분들은 합해질 수 있고 또 비교될 수 있으므로 우리는 많은 사람들에게 많은 이익을 주는 행동을 선택해야 하고 이런 계산을 누구나 할 수 있다는 것이다. 공리주의는 현실적이고 아주 민주주의적이며, 또 놀라울 정도로 규칙에 대해서도 자유롭다. 게다가 공리주의는 정부에게 "사람들을 그냥 내버려두라"고 건방진 충고를 하고 있다. 인간이 자연상태로 행하는 것을 행하게 내버려두면서 그냥 인간으로 있게 두라는 것이다.[22]

모두에게 이익이 된다는 공리주의라는 개념은 어떠한 이

의 제기도 허용치 않는 것 같다. 하지만 여기서 말하는 공리의 개념과 이들의 주장을 찬찬히 뜯어보면 꼭 그렇지만은 않다는 것을 알 수 있다. 어떤 행위의 옳고 그름은 그 행위가 인간의 이익과 행복의 신장에 얼마나 기여하는가 하는 '유용성'에 따라 결정된다고 보는 공리주의의 핵심 주장을 염두에 두고 보면 공리주의는 쾌락주의와 유사하다는 생각을 떨칠 수가 없다. 인간 무의식 자체가 즐거움을 추구한다는 프로이트의 유명한 '쾌락원칙'을 거론치 않더라도, 쾌락주의는 우리에게 그리 낯선 것이 아니다.

이 순간 다음과 같은 두 가지 의문을 품게 된다. 첫 번째 의문은 공리주의의 '공리'가 utility, 즉 유용성이나 효용성을 가리킨다는 점에서 생겨나는 의문으로, 이때의 유용성은 과연 어떤 유용성을 말하는가 하는 것이다. 두 번째 의문은 인간의 오래된 보편적인 염원인 쾌락이나 즐거움의 추구가 아닌 '개인적인 이기심까지 적극적으로 옹호되고 있는 것도 용인할 수 있느냐' 하는 의문이다.

첫 번째의 유용성 개념에 관한 의문에 대해서는, 앞서 살펴본 장-밥티스트 세가 유용성의 개념을 일반적인 의미와 전혀 다르게, 누군가에 의해 사용되고 있으면 쓸모가 있다고, 즉 유용성이 있다고 주장하던 초기 자본주의의 논리에서 실마리를 얻을 수 있을 것이다.

여기서 우리는 기존의 유용성 개념을 왜곡함으로써 오늘날의 시장자본주의가 가능했다는 사실과, 유용성의 개념을 조작함으로써 '부를 형성하고 분배하고 소비하는 것에만 관심이 있는 이 새로운 학문'이 가능해졌다는 것을 지적할 수 있다. 그뿐 아니라 이런 정신을 이어받은 오늘날의 시장경제 논리, 그리고 이 논리하에 움직이는 모든 경제주체들의 윤리적 판단의 도외시에서 나온 것이 바로 이런 부도덕 불감증이라 할 수 있을 것이다.

두 번째 의문에 관해서는 프로이트의 쾌락원칙과 함께 요즘에 널리 유포된 리처드 도킨스의 『이기적 유전자』 등이 많은 것을 시사하고 있는 것 같다. 유전자도 자신의 이익을 추구하고 있는 판국에 유전자들의 총합인 인간 유기체가 스스로에게 이로운 것을 선택하는 것이 가치판단의 대상이 되기는 힘들 수도 있다. 이런 시각에서 보면 자신의 이익을 추구하는 탐욕은 권장해야 할 것으로 보일 수도 있다.

공리주의는 이리하여 높은 성직자와 귀족 신분이 지시하는 가치 대신에 진실성과 실용성과 사실성이라는 세속의 가치를 더 높이 승격시킨다. 애덤 스미스는 영리 추구의 성향을 행복이라고 규정하여 한 걸음 더 나아간다. 이 새로운 철학에는 '동정·연민·정직·용기·은총·관대함·이타주의·자비심·아름다움·순수성·사랑·배려·명예'에 관한 관심은 하나도 눈에 띄지 않는다. 이들은 **인간은 근본적으로 이기적이며 자기본위이며 사회 전체를 걱정하지 않는다**고 보고 있다. 이런 전제를 하고 있는 공리주의가 개인의 이기심과 공익을 어떻게 조화시킬 수 있을까? 이 문제는 어떤 사회철학도 해결하지 못한 문제이기도 하다.

애덤 스미스의 주장은 문제의 순서를 뒤집어놓고 있다. 그는 **인간의 이기심과 사회의 이익은 공존한다**고 소박하게 선언하였다. 각자가 자신의 이익을 추구하도록 내버려두면 전체의 복지는 최선이 된다는 것이다. **각 개인은 이기심에서 자신의 운명을 개선하려고 애를 쓰면서 자신의 쾌락을 극대화한다. 이렇게 분투하면서 그 개인은 돈을 벌 수 있는 효과적인 최선의 방법을 찾게 된다.** 이리하여 개인은 전체 수익을 위해, 손실을 보상하는 나은 방법이나 더 빠른 배달 루트를 찾아낸다는 것이다. 그러나 경제학적인 관점에서 보면 이것들은 아주 합리적인 움직임들인데, 모두가 이렇게 행동할 때 이것은 모두 사회 전체로 퍼져나가게 된다. **그러면 사회는 향상되는데, 어떤 개인도 사회 전체를 향상시킬 것을 염두에 두지 않았기 때문에, 마치 보이지 않는 손에 의해 상승된 것처럼 보이게 된다는 것이다. 여기서 우리는 이 모든 것은 정의라는 가치 없이 달성된 것이라는 것을 지적할 필요가 있다.** 정의는 이전의 덕목처럼 자연스러운 특질이 아니기 때문이다. 정의는 규칙을 요구하는데 알다시피 공리주의는 근본적으로 모든 규칙에서 벗어나 있는 것이다.23

위 인용문을 통해서 우리는 "사익의 추구가 바로 공익의 추구로 연결된다"는 너무나도 낙관적인 생각의 산물이 바로 '보이지 않는 손'이라는 유명한 경구라는 것을 알 수 있다. 개인은 이기적이고 자기본위적이며 전체를 걱정하지 않아도, 자연스럽게 전체 사회가 이롭게 된다는 이런 생각이 곧장 '부도덕 불감증'으로 이어지는 것은 너무나도 자연스러운 귀결일 것이다.

'자신의 쾌락을 극대화'하면서 '돈을 벌 수 있는 효과적인 최선의 방법'을 찾는 개인은 '더 빠른 루트'를 찾아간다는 지적에서 엿볼 수 있듯이, 많은 결과를 빨리 얻기를 원하는 초기 자본주의 경제학자의 생각은 그대로 효능을 중시하는 '기술만능주의'로 이어지게 될 것이다.

기술만능주의   시장경제 논리의 효용성 추구는 곧 '최소 비용에 최대 효과'라는 경제원칙을 낳고, 경제원칙하의 가치판단의 기준은 기술, 즉 테크닉으로 수렴한다. 이렇게 되는 순간 옳고 그름의 문제는 단순히 기술적인 빠름과 느림, 능률과

비능률의 문제로 환원되고 만다.

그런데 이런 기술만능주의가 널리 유통되게 된 이면에는 기술에 대한 우리들의 낙관과 너무 지나친 현실 적응도 없지 않은 것 같다. 지라르는 기술주의의 지나친 낙관을, 김상수는 우리의 지나친 현실 적응을 비판하고 있다.

> 빅토르 위고의 『세기의 전설』 마지막 장에서는 비행기의 등장이 세상에 평화를 가져다주는 것으로 되어 있습니다. 10년 전에 우리는 그것이 공산주의도 물리친다고 설명하면서 컴퓨터라는 것을 갖고서 똑같은 소동을 벌인 적이 있는데, 정말 터무니없는 일이 아닐 수 없습니다. 이성에 대한 초특급 낙관주의 덕택에 우리는 무기를 제조할 수 있었는데, 지금 이 무기는 바로 우리 스스로를 파괴하고 있는 중입니다. 9·11과 관련해서 가장 의미심장한 것은 그 모든 게 다 미국에서 베껴간 것이라는 것입니다. 테러리스트마저 미국화되어 있습니다.[24]

> 대개의 사람들은 새로운 것이 나타나면 회의를 품기보다는 익숙해지기 위해 노력한다.[25]

오늘날 기술만능주의에 대해 가장 활발히 이의를 제기하고 있는 진영은 생태주의자일 것이다. 하지만 이들도 기술

그 자체에 반대하는 것은 아니다. 기술만능주의에 대한 첨예한 이의를 제기하고 있는 뒤퓌의 생각을 따라가보자.

뒤퓌가 문제 삼고 있는 것은 '기술사업'이다. "한 사회의 뼈대를 이루고 있는 사회 조직과 연대의식의 끈을 하나의 제작(fabrication)으로 대체하는" 기술사업의 가장 큰 문제는 "사람과 사람 사이 그리고 사람과 세계의 관계를 마치 자동차나 파이프를 만들어내듯이 만들려는" '미친 사업'이다. "합리성 혹은 효능이라는 이름의 수단과 목적의 논리가 그것과 무관한 영역인, 인간의 자율적 행위와 함께 역사를 만드는 것, 즉 그리스인이 '기술(techné)'과 구분해서 '정치(politiques)'라고 부르던 것을 모두 다 지배하고 있다"는 것이 뒤퓌가 생각하는 기술사업의 가장 큰 문제다.[26]

뒤퓌의 지적을 듣는 순간, 효능의 이름으로 행한다는 기술우선 사업, 기술만능주의의 구체적인 사례가 우리의 우려를 자아낸다. 이런 '기술사업'에는 '모든 곳에 스며들어서 모든 것을 다 포괄하려는 지배의 꿈'이 스며들어 있기 때문이다. 많은 울림을 주는 뒤퓌의 경고를 들어보자.

기술사업은 중립적이지 않다. 그러므로 우파든 좌파든 간에 지배 이데올로기의 주장과는 달리, 기술사업을 주재하는 사람의 의도에 따라서 이 사업이 좋은 것이나 나쁜 것을 만들어내는 것이 아니다. 파리 시장은 '환경적인 고속도로'를 만들겠다고 약속할 수 있고, 공산주의자들은 사회주의 정책을 통해 '엄격한' 사회보다 대중교통 이용률을 두 배나 올릴 수 있다고 약속할 수도 있다. 그렇다고 해서 고속도로나 TGV(고속철)가 있는 사회가 그런 것이 없는 사회보다 사람들 사이의 장벽을 없애기보다는 더 많이 만들어내는 것에는 변함이 없다.27

기술사업의 결과가 사람들 사이의 장벽을 없애기는커녕 더 많이 만들어내고 있다는 뒤퓌의 지적은 기술사업에 들어 있는 기술만능주의 그리고 기술만능주의를 낳게 한 시장경제 논리의 폐해를 지적하고 있는 듯하다. 이렇듯이, 이윤의 극대화라는 경제 논리는 효율성을 중시하는 결과중심주의를 낳고 이 결과중심주의로 인해 모든 과정은 쉽사리 무시되는 현장을 우리는 정말 지겹도록 목격한 바 있고 지금도 목격하고 있다.28

경쟁만능주의

시장경제 논리가 오늘날의 사회에 끼치고 있는 폐해와 부작용을 살펴보았지만, 이런 부작용과는 차원이 다르게 위중

하여 절대 간과해서는 안 되는 것이 있는데, 그것은 바로 '경쟁의 만성화' 혹은 '경쟁만능주의' 현상이다.

"경쟁을 통해서 우수한 인재를 뽑는 것이 교육의 수월성을 확보할 수 있는 최선이 길"이라거나 다수의 동종 기업 중에서 "경쟁을 통해서 소수의 우량기업이 살아남게 하는 것이 유리하다"는 주장들은 오늘날 아무런 이의도 제기받지 않는 절대선에 가깝다. 과연 그럴까?

사실, 태어날 때부터 경쟁을 하고 있는 우리의 삶은 경쟁의 연속처럼 보인다. 그래서 경쟁을 인간 조건으로 보는 시각도 있을 수 있다. 하지만 이런 시각은 경쟁이 우리 욕망 때문에 나온 것을 보지 못한 것이다. 왜냐하면 우리가 처음부터 원래부터 경쟁을 하게 되어 있는 것이 아니라, 우리의 욕망이 동일한 대상을 향해 수렴하고 있어 경쟁이 생겨나기 때문이다.

알다시피, 프랑스어의 경쟁(concurrence)은 '같이 달린다'는 의미다. 그러나 같이 달린다고 해서 모두가 경쟁인 것은 아니다. 달리는 방향이 같을 때에만 경쟁이 일어난다. 달리는 방향이 다르면 아무리 같이 달리더라도 경쟁의 갈등이 일어날 소지는 적다.[29] 그래서 지라르는 획일화로 몰고 가는 경쟁은 결국 전체주의와 같은 것이라고 보고 있다.

르네 지라르는 획일화 상황에서 어떠한 차이도 만들지 못하는 무익한 싸움으로 사람들의 힘을 고갈시키는 경쟁이 전체주의라고 정확하게 규정하고 있다. 점차 욕망의 모델과 가까워지는 평등은 조화를 낳는 것이 아니라 갈수록 더 심각한 경쟁만을 낳고 있다. 물질적 이익의 원천인 이 경쟁은 훨씬 더 심각한 정신적 고통의 원인이다. 물질은 어떠한 것으로도 만족시킬 수가 없기 때문이다.[30]

"적대자들 사이의 차이가 없는 것은 폭력이 모든 차이를 없애버렸기 때문"이라는 지라르의 지적처럼, 경쟁을 하는 사람들 사이에도 차이가 없어진다. 차이를 없애는 경쟁이 만성화되는 것은 곧 사람들의 욕망이 획일화되는 것이고, 이 획일화는 역으로 경쟁을 더욱더 가속화시키는 악순환으로 이어지게 된다. 이처럼 욕망의 획일화를 부추기는 경쟁이 초래하는 위기가 바로 '차이소멸'의 위기다.

만성화된 경쟁이 불러일으키는 또 하나의 우려는 '경쟁을 통한 우수 인재 선발'이나 '경쟁을 통한 우량기업 유지' 같은 주장의 기저에는 실제 그 경쟁에 가담한 자의 시각이라기보다는 그런 경쟁의 결과에서 이익을 취할 수 있을 사람의 시각이 들어 있다는 점이다. 직접 경쟁에 가담할 사람들이 주체적으로 선택한 것이 아니라 경쟁에 참여하지 않는 사람에 의해 주도적으로 진행되는 경쟁 논리는 많은 문제점이 있다. 그것은 우생학 이론을 이용하여 우수 품종을 개발하는 종묘업자의 논리로서는 적합할지 모르지만, 한 사람이 다른 사람에게 적용하는 논리로는 수많은 절차나 합의를 거친 후에야 접근할 수 있는 아주 조심스러운 것이다.

같은 대상을 욕망하는 사람들 사이에는 필연적으로 경쟁이 일어난다. 닮은 사람끼리 경쟁이 일어나기도 하지만, 경쟁을 행하는 사람 또한 자연스럽게 닮게 된다. 차이가 없어지는 '차이소멸' 현상이야말로 폭력의 진정한 속성이며, 이것이 바로 진정한 위기다. 이런 점에서 "짝패와 괴물은 하나"이며 경쟁의 과열은 결국 모두를 위기로 몰아가고 있다.[31]

이 순간 우리는 경쟁은 과연 누구를 위한 것인지 의문을 품게 된다. 경쟁이야말로 사회발전의 동인이라는 주장을 어떻게 받아들여야 할까? 상대적으로 경쟁이 덜한 사회보다 경쟁이 왕성한 사회의 불평등 정도가 더 심각하다는 다음 지적은 경쟁이야말로 사회발전의 동인이라는 주장을 다시 생각하게 한다.

경쟁은 승자와 패자라는 불평등으로 끝나는 과정이다. 그러므로 자유경쟁사회에서 행해지는 모든 구성원의 경쟁이 모두에게 유익한 것일 수가 없다. 오늘날의 분석가 쿡과 프랭크는

자유시장의 경쟁이라는 것이 얼마나 황량하던지 우리는 이른
바 '승자독식 사회'가 되었다는 것을 보여주고 있다.32

　공격적인 소유욕과 탐욕이 있는 거대 경제가 널리 유포되어
대중적인 제도가 되면서 엄청난 차이가 생겨나게 된다. 그래서
지금 우리는 유럽의 불평등을 비난하는 익숙한 거짓말에 속고
있다. 사실은 지금 미국이 유럽보다 불평등의 정도가 훨씬 더
심하다. 미국은 부유한 나라다. 하지만 20.3퍼센트라는 어린이
빈곤 정도는 모든 유럽 국가보다 더 열악하다.33

　경쟁에 대한 지나친 과신에 대한 미국 학자들의 지적은
오늘날 여기서 벌어지고 있는 경쟁만능주의를 어떻게 해석
해야 할지를 보여주는 좋은 전범이 될 것이다.
　꼬리를 물고 발생하는 학생들의 자살 행렬로 드러나고 있
듯이, 지금 이 순간에도 습관적으로 행해지고 있는 우리의
경쟁은, 다음 인문학자의 지적처럼 최종 목적지가 어딘지도
모른 채 달려가고 있는, 그야말로 '맹목적 질주'가 아닐까.

　근대교육을 받아온 우리들 대부분이 갖고 있는 뿌리 깊은
미신의 하나는 일반적으로 문명적인 삶은 말할 것도 없고, 민
주주의를 위해서도 일정한 수준 이상의 물질적 풍요와 생산력

이 갖추어져 있어야 한다는 생각일 것이다. 그러한 생각의 연장선에서 '생활수준'이 높으면 높을수록 좋고 선진적이라는 검토되지 않은 믿음이 확산되고, 그런 맹목적인 믿음 속에서 국민소득 1만 달러를 넘어 2만 달러로, 그리고 다시 3만 달러의 시대로…… 목적지가 어딘지도 모르고, 언제까지 가야 할지도, 또 왜 가야 하는지도 모르는 끝없는 길을 달려가고 있는 것이다. 이 질주가 허망한 것임을 설혹 모르지 않는다 하더라도, 우리가 이 달리기를 멈추지 못하는 것은 다른 사람, 다른 사회도 똑같이 달리고 있는 것을 보고 있기 때문일 것이다. 이러한 상황은 마치 절멸 직전의 '이스터섬(Easter Island)' 사람들의 상황과 흡사한 것이라고 할 수 있다.[34]

대안 경제의 모색

앞에서 우리는 우리 일상에 가장 깊이 스며들어서 우리 사회를 지배하고 있으면서 경쟁만능주의 같은 부작용을 낳고 있는 시장경제 논리의 실상을 살펴보았다. 이제는 '다른 대안은 없다'고 외치는 이른바 신자유주의 시장경제 논리에 대안은 과연 없는 것인지 살펴보기로 하자. 이 과정에서 오늘날의 경제가 인류가 처음에 생각한 그 경제인지, 아니라면 진정한 경제의 면모는 어떠한지 그리고 인간의 얼굴을 한 경제의 모습은 어떠한지 등을 모색해보기로 하자.

영국 BBC방송은 [베를린] 장벽 붕괴 20년을 맞아 27개국의 2만 9,000명 이상을 대상으로 한 여론조사에서 응답자의 23퍼센트가 "자본주의는 치명적 결함이 있어, 다른 경제시스템을 필요로 한다"고 응답했다고 보도했다. "자본주의는 규제와 개혁을 통해서 다뤄야 할 문제들을 지니고 있다"는 응답까지 합하면, 거의 80퍼센트가 자본주의 시스템이 불완전하다고 보는 것으로 나타났다. 반면 "자본주의는 잘 작동하고 있고, 규제는 자본주의 시스템을 덜 효율적으로 만든다"는 응답은 단지 11퍼센트에 불과했다.[35]

위의 조사는 우리가 지금까지 살펴본 경쟁과 효율성을 절대선으로 보고 있는 시장경제 논리의 문제점을 웅변적으로 말해주고 있다. 여기에 더 보태 "분명 우리는, 경제는 우리의 운명이 아니고 우리 삶의 본질을 결정하는 것이 아니라고 생각한다"[36]는 알랭 카예(Alain Caillé)의 발언은 우리를 보다 더 근본적인 데까지 끌고 가면서 지금의 경제 논리를 대신할 새로운 대안의 필요성을 절감하게 한다.

누구나 느끼고 있는 시장경제 논리에 대한 의문과 새로운 대안의 필요성에 부응할 만한 '다른 경제'는 없는 걸까? 그게 아니라면 지금의 시장경제 논리를 인정하면서도 공동체의 보다 나은 삶에 이바지할 수 있도록 개선해나가는 방법에 대한 논의는 어디까지 진행되고 있을까?[37]

Pay it forward 운동 — 선물을 통한 선순환 구조[38]

우선 물건을 주고받는 일상적인 교환 체계로부터 새로운 대안을 모색하는 방향을 생각해볼 수 있다. 기존의 자본주의 경제학이 시장경제의 효시라고 보고 있는 원시사회의 물물교환 체계에 담긴 의미부터 살펴보자.

원시사회의 교환 체계가 아주 자발적인 형태로 선물이나 향응을 주고받는 것처럼 보이지만, 실제로는 의무적으로 행해지고 있다는 것을 처음으로 밝혀낸 사람은 인류학자 마르셀 모스(Marcel Mauss)다. 모스에 따르면 그런 의무는 그냥 생겨난 것이 아니다. 물건은 단순한 무생물·무인격의 어떤 대상이 아니라 그 안에 그것을 지녔던 사람의 혼이 들어 있는 것이라서, 일종의 인격체와 같다는 것이 당시 원시인들의 생각이었다. 단순히 물건만 받은 것이 아니라 어떤 정신을 받은 것이기에 그 정신에 대한 답례의 의무가 생겨났다. 이렇듯이 선물의 교환 체계는 '주고-받고-되돌려주기'라는 엄격한 상호성에서 나오고 있으며, 무상으로 제공되는 선물이나 향응도 실은 '이기주의'라고 볼 수 있을 어떤 의도에서 나온 것이라는 것이 모스의 생각이다.

소박한 선물이라는 관행을 두고 '상대방을 압도하려는 증여자의 의도'로 해석하는 것이 다소 냉혹하게 보일 수도 있다. 하지만 이런 관행을 통해야만 높은 지위를 유지할 수 있었던 원시사회의 질서유지 체제를 생각해보면 능히 이해가 된다. 또 우리 사회에서 일상적으로 볼 수 있는 풍경 중의 하나인, 식당이나 주점의 계산대에서 비용을 치르겠다고 서로 다투는 익숙한 풍경은 모스의 생각에 기댈 때 설명의 실마리를 얻을 수 있을 것이다.

원시사회의 선물 관행에 들어 있는 공동체 화해의 긍정적인 의미는 부정하기 힘들 것이다. 선물 관행에 들어 있는 이런 긍정적인 효과를 극대화하고자 하는 움직임이 여러 영역에서 시도되어왔다.

모스는 선물 관행을 상호적인 의무로 보는 입장이 강하다. 그에 비해 지라르는 앞에서 보았듯이 이런 의무 안에 들어 있는 상호성에 주목하면서, 갈등을 일으키는 나쁜 상호성에 비해 구성원의 화해를 이루는 좋은 상호성의 속성을 주장한 바 있다. 여기서 확인할 수 있는 것은 다음과 같은 것이었다.

(우리가 제시할 수 있는 것은) '폭력이라는 부정적 상호성에서 선물이라는 긍정적 상호성'으로 옮겨갈 수 있는 지혜다. 이것은 곧 선물에 녹아들어 있는 미래에 대한 의무를 통해 사회 구성원 사이의 좋은 상호성의 선순환이 일어나는 것이고, 이런 순환은 과거로부터의 지배를 허용하는 폭력적인 복수의 의무라는 악순환에서 벗어나는 것이기도 하다.[39]

선물에 녹아들어 있는 '미래에 대한 의무'를 통해 사회 구성원 사이의 '좋은 상호성의 선순환'을 불러일으킬 수만 있다면 그 공동체는 당연히 '우정과 환대의 공간'이 될 것이다. 이런 의미에서 또 다른 인류학자들은 선물이라는 관습을 통해서 누구도 누구 위에 올라서거나 누구를 불행하게 하지 않으면서 자연과 어우러져 소박하게 살 수 있는 '우정과 환대의 공간'을 만들어낼 것을 주장하고 있기도 하다.[40]

'우정과 환대'의 정신을 더 적극적으로 촉진하는 운동이 있는데 그것은 바로 'Pay it forward' 운동이다. 우리말로 '미리 주기 운동' 정도로 이해할 수 있는 이 운동은 구성원 사이에 '미래에 대한 의무'를 지움으로써 좋은 상호성의 관계를 유지하는 것을 목적으로 하고 있다. 일명 '연속적 상호성 (serial reciprocity)'이라고도 불리는 'Pay it forward' 운동은 말하자면 미래에 일어날 지불의 의무를 지금 타인에게 미리

하자는 것이다.

'미리 주기'라는 표현은 채무자에게 자기가 진 부채를 갚는 대신 제3자에게 그 채무를 갚는 옵션으로 채권자가 채무자에게 대여, 지출을 하는 것이다. 채무와 지불은 화폐나 실물로도 가능하다. 사회학에서 이 개념은 '전면적 상호성'이나 '전면적 교환'으로 불린다. 대여가 아닌 선물이라는 생각으로부터 시작되는 이런 상호작용은 또 다른 기부일 것이다. 이런 생각은 벤저민 프랭클린이 1784년 4월 22일 벤저민 웹에게 보낸 편지에서 이미 나타나고 있다.

그 돈을 모두 줄 생각은 없습니다. 단지 저는 빌려줄 뿐입니다. 당신과 비슷하게 곤란에 처한 정직한 사람을 만나면 당신도 이 금액을 그에게 빌려줌으로써 나에 대한 빚을 갚아야 합니다. 그 사람도 그런 기회가 있을 때 당신과 똑같은 의무를 행함으로써 부채에서 벗어날 수 있게 하면서 말입니다. 저는 이 돈이 많은 사람의 손으로 이어지다가 마침내 크네이브에게 가서 멈추기를 바랍니다. 이것은 적은 돈으로 많은 선행을 해보려는 저의 트릭입니다.[41]

'미리 주기'라는 용어는 로버트 하인라인(Robert A. Heinlein)에 의해 만들어져서 널리 유행하게 되었다. 그는 1951년에 나온 『행성 사이에서』라는 책에서 이렇게 썼다.

그 은행가는 자기 외투의 깊은 곳에 손을 뻗었다가 외상 기록 한 장을 끄집어냈다. "하지만 우선 식사부터 하세요. 배가 불러야 판단력이 흐려지지 않잖아요. 이를 새로 온 사람에게 보내는 우리의 환영의 뜻으로 받아주시기 바랍니다."[42]

하인라인은 이 철학을 전파하고 또 실천에 옮겼다. 그의 이름을 딴 인도주의 기구인 '하인라인 협회'도 이를 행하고 있다. 작가 스파이더 로빈슨(Spider Robinson)은 자신의 정신적 스승 하인라인에게 보답하기 위해 이 철학을 되풀이해서 언급하였다.

2000년에 발간된 캐서린 라이언 하이드(Catherine Ryan Hyde)의 소설 『미리 주기』는 동명의 영화로도 각색되었다. 이 소설과 영화 속에서 '미리 주기'는 자신이 받은 선행에 대한 보답으로 다른 사람들에게 3개의 선행을 해야 하는 의무로 묘사되고 있다. 이런 선행은 다른 사람들이 자력으로는 행할 수 없는 것이어야 한다. 이렇게 해서 타인을 도와주는 행위가 사회 전체적으로 퍼져나가 더 나은 세상을 만드는 사회적 변화를 이끌어낼 수 있게 될 것이다.

이 책의 아이디어는 '미리주기재단(Pay It Forward Foundation)'으로 이어진다.[43] 이 재단은 이런 정신을 학생·부모·교육자들에게 도입할 것을 꾀하고 있다. 당신에게 일어난 선행을 갚기 위해 또 다른 사람들에게 선행을 행한다는 단순한 생각은 어린아이에게 쉽게 전파되어 이들이 사회적으로 자각하고 더 나은 세상을 만들도록 역할할 수 있게 한다. 이 책의 주인공은 열두 살 먹은 소년이다.

시러큐스대학교 '레지던스홀 협회'는 2005년 10월에 캠퍼스 내에서 '미리 주기' 운동을 시작했다. 이 운동은 재빨리 퍼져나가면서 시러큐스 사회의 메인스트림을 형성하게 되었다. 다른 학교도 현재 이 운동을 시작하고 있는 추세다.

2006년 10월 26일 오프라 윈프리는 방청객에게 '미리 주기'에 도전할 것을 제안한 적이 있다. 300명의 방청객에게 1,000달러짜리 직불카드와 함께 이들의 선행을 기록하기 위해 캠코더도 함께 제공해주었다. 도전의 룰은 아주 독특했다. 그 돈은 1주 안에 써야 하는데 반드시 자신과 무관한 개인이나 자선단체를 돕는 데에만 사용될 수 있다는 것이다.

'미리 주기' 운동이 갖고 있는 장점으로 생각해볼 수 있는 것은 소수에 의해 행해지던 기존의 기증이나 기부 문화에 들어있던 '자선'이라는 꼬리표를 떼어낼 수 있다는 것이다. 상대적으로 우위에 있는 사람이 그렇지 못한 사람에게 행하는 것이 아니라, 모든 구성원이 서로가 서로에게 행하는 일종의 의무와 같은 관행으로 자리 잡을 수 있다는 것이다.

이런 생각을 하는 순간, 이런 운동이 실은 우리 전통에 이미 존재해왔다는 것을 알 수 있다. 지금도 행해지는 온갖 경조사의 부조 관행이나, 특별한 음식이 있을 경우 이웃 사이에 나누어 먹는 관행 같은 것이 그것이다. 이런 관행에는 '지금 주는 것은 언젠가 받게 될 것에 대하여 미리 지불하는 것'이라는 생각이 녹아들어 있다고 볼 수 있기 때문이다.

일반경제의 모색 — 바타유

또 하나의 방향으로 우리는 조르주 바타유(Georges Batailles)가 말하는 '일반경제'를 들 수 있다. 바타유는 원시사회에서 행해졌을 뿐 아니라 지금도 여러 영역에서 계속되고 있는 교환 체계를 따르는 경제를 '일반경제'라고 부르고, 경제적으로 효용성 있는 물건의 교환만을 주로 하는 오늘날의 경제를 제한된 영역의 경제, 즉 '제한경제'라고 부르자고 제안한다.[44]

교환 체계 속에 들어 있는 물건과 사람 사이의 관계를 자세히 살펴보면, 원시사회의 '대가 없는 증여'에 들어 있던 연대의식과 오늘날의 경제 논리는 상호배제적인 관계가 아니라 포함관계에 있다는 것을 느낄 수 있다. 오늘날의 '제한경제'는 '일반경제'의 한 부분이라는 말이다. 일반경제와 제한

경제의 관계는 공간적으로는 전체와 부분의 관계이며 시간적으로는 모태와 그 산물의 관계다.[45]

원시사회에서 물건을 주고받은 것—오늘날 시장경제주의자가 단순히 '물물교환'이라고 부르는—이 경제적 이익만을 위한 것이 아니었다는 것은 마르셀 모스가 밝혀놓은 바 있다. 다른 한편으로 바타유는 '소모'라는 개념을 검토하면서 '대가 없는 증여의 정신'을 부각시키고 있다. 모든 유기체는 필요 이상의 에너지를 받아들이고 있으며, 이 잉여 에너지는 항상 '대가 없이' 소진되어왔으며 또 반드시 그렇게 해야 한다는 것은 '기본적 사실'이라는 것이다.

새로운 경제운동 MAUSS

이러한 문제의식에서 기존의 경제를 대신할 수 있을 새로운 대안 경제를 주장하는 일련의 학자들이 있다. 프랑스의 MAUSS(Mouvement anti-utilitariste dans les sciences sociales, 공리주의에 반대하는 사회과학운동)라는 특이한 이름의 단체를 들 수 있다. 여기서 반대하는 '공리주의'는 앞서 밝혔듯이 유용성과 능률, 혹은 실용과 경쟁을 외치는 오늘날의 시장경제 논리를 말하는 것임은 물론이다.

이 단체는 동명의 잡지도 발간하고 있는데, 「MAUSS」라는 잡지의 간행은 1981년 당시 사회과학이 겪고 있던 변화에 대해 불만이 있던 프랑스의 사회학·경제학·인류학 교수들에 의해 결정되었다. 이들은 프랑스의 사회과학이 경제학 모델이라는 헤게모니와, 사회관계와 민주주의를 순전히 도구적으로만 보는 시각에 갈수록 더 굴복하고 있는 데 대해 비판했다. 에밀 뒤르켐의 후예인 프랑스 사회학의 정신으로 무장한 실용주의 비판과 마르셀 모스에 의지하는 것으로 비판의 에너지를 충분히 얻을 수 있었다. 1990년에 결성된 이 모임은 곧 잡지를 내기로 결정한다. 처음에는 이 사업의 이론적 논의를 집대성하면서 그와 동시에 학문 사이 (interdisciplinary) 협조에 관심이 많던 대학 밖의 사람에게도 문호를 열기 위한 논의의 연결 도구라는 아주 소박한 의도로 구상된 것이었다.

근래 들어서 이 단체는 시장자본주의가 아닌 '다른 자본주의'에 대한 생각을 피력한 칼 폴라니(Karl Polanyi)에 주목하고 있다.[46]

시장 안에서의 운동 ―ATTAC

지금까지는 주로 기존의 시장경제 논리를 부정하면서 그 밖에서 대안을 찾아보려는 노력을 살펴보았다. 그러나 기존의 시장을 부정한다는 것은 그렇게 만만하지 않다는 것은 누구나 아는 사실이다. 그런 점에서 지금의 시장경제 논리를 인정하면서 그 안에서 행해지고 있는 불평등한 규칙을 바로잡는 노력도 결코 의미 없는 것이라고 말할 수 없을 것이다. 그 대표적인 운동으로 '시민지원을 위한 금융거래 과세 운동'을 들 수 있다.

우리에게는 비교적 덜 알려져 있는 '시민지원을 위한 금융거래 과세 추진협회' 혹은 흔히 '금융거래 과세 추진협회'로 통하는 '아탁(ATTAC)'은 1998년 6월 3일 프랑스에서 탄생하여 전 세계적으로 40여 개의 지부를 거느린 세계적인 반(反)세계화 운동 단체다. 프랑스에서만 250개 지부에 3만 5,000명의 회원을 두고 있다.

그러다가 1999년 미국 시애틀에서 열린 세계무역기구(WTO) 회의를 기점으로 스웨덴 예테보리의 EU정상회담, 이탈리아 제노바의 G7정상회담 등 대규모 국제회의장에서 벌어진 반세계화 시위를 주도하기도 했다.

이 단체가 주장하는 목표는 '시민지원을 위한 금융거래 과세 추진협회'라는 명칭에 나타나 있는 대로, "무역상품과 마찬가지로 국경 없이 넘나드는 금융거래에 대해서도 과세를 하여 이 재원으로 시민을 지원하자"는 것이다. 금융거래 과세는 미국 경제학자 제임스 토빈(James Tobin) 박사의 생각에서 힌트를 얻은 것이라서 흔히 '토빈세'로 불린다.[47]

금융거래에 대해 과세를 하자는 주장의 타당성을 검증하

려면 금융거래의 실상과 조세의 원칙 등에 관한 전문적인 지식이 필수적이겠지만, 그보다 먼저 (혹은 그 옆에서) 이것이 미칠 결과에서부터 경제 활동의 속성을 짐작해 낼 수 있을 것이다.

아탁의 회장이자 「르몽드」의 자매 월간지 「르몽드 디플로마티크」의 주간이며 파리8대학 유럽연구소 교수인 베르나르 카생(Bernard Cassen)의 주장을 살펴보자. 그가 널리 알려진 것은 아탁의 회장직을 맡아 반세계화 운동의 선두에 나서면서부터다. 그는 "금융세계화는 경제 불안정과 사회 불평등을 악화시킬 뿐 아니라 국민의 선택, 민주주의 제도, 일반이익의 수호자로서의 주권국가를 해체하는 것"이라고 주장한다.

카생은 세계화의 본질을 다음과 같이 아주 선명하게 규정한다.

세계화의 본질은 금융시장의 완전 개방이며, 미국의 이익에 알맞게 꾸며져 있는데, 세계자유주의 질서의 세 가지 기본 틀에 입각하고 있다. 곧, 자본이동 자유·투자 자유·자유무역이 그것이다. 이 가운데 자본이동의 자유는 아시아·브라질·러시아 등에서 금융위기를 일으켜 그 파괴력을 온 세계에 과시한 동시에 취약성도 드러냈다. 신자유주의자들이 주장한 자원의 최적배분 현상은 나타나지 않은 반면, 자본은 이윤창출이 가능한 10개국 정도에만 집중되었고, 그것을 필요로 하는 다른 나라로는 이동하지 않았다. 자본이동이라는 것이 매우 불안정하여 장기적 전략이 부재하고, 언제든 들어왔다 나갔다 하며 불안전 상태를 악화시키고, 직접투자는 적고 대부분이 투기성 투자다.[48]

카생은 또 우리나라도 구제금융을 받았던 국제통화기금(IMF)의 존재 의의가 기존에 알려진 것과는 달리 비도덕적임을 신랄하게 비판하고 있다

국제통화기금의 정책은 한국 등 아시아 국가를 돕는 것이 아니다. 나는 이것이 명백한 사실이라고 본다. 국제통화기금은 100퍼센트 미국의 산하기관이다. 미국은 기금의 17퍼센트밖에 부담하지 않고 있지만 모든 중요한 결정권을 독차지하고 있다. 미국이 내건 조건, 곧 시장개방과 외국자본 도입 완전자유화 등은 명백히 한국의 이익과 무관하며, 프랑스를 포함한 주요 국가들의 은행·다국적 기업들의 이해와는 밀접한 관계가 있음도 자명한 사실이다.

국제통화기금은 위기에 처한 국가를 구하기 위하여 존재하는 기구가 아니라 채권자를 구출하기 위하여 행동하는 것이다. 국제통화기금은 어떤 점에서는 공산주의 체제와 흡사하다. 일

종의 자본 사회보장 제도 같은 것이다. 그 목적은 무모한 빚쟁이가 그의 행동 결과에 대해서 책임을 지지 않아도 되도록 하는 것이다. 이른바 구제금융이라는 것은 빚쟁이에게 빚을 갚게 하기 위한 것이며, 계산서는 그 나라의 시민이 치르게 하는 시스템이다. 미국은 이러한 과정에서 공기업 민영화·구조조정·공공예산 지출감소 등의 조건을 붙인다.

많은 정부가 세계화를 신념, 또는 불가피한 것이라는 인식 아래서 받아들였다. 그런데 내가 알기로는 아시아의 문화적 특징 중 하나가 장기적 안목으로 사물을 본다는 것이다. 좀 더 원대한 목표를 위해서는 5~10년 손해를 보더라도 참는다는 것이다. 그러나 이러한 사고방식은 무슨 방법으로든 당장 이윤을 창출해야 하는 금융시스템과는 양립하지 않는다. 그러므로 시장개방을 함으로써, 세계화를 함으로써 자신의 문화적 특수성을 포기하지 않으면 안 된다는 것이다.

지금까지의 세계화의 결과를 보면 파국적이다. 이것은 유엔 기구들의 보고서만 보더라도 누구나 알 수 있다. 이중현상이 일어나고 있는 것이다. 한편으로 부가 늘어나면서 다른 한편으로는 빈곤자가 늘어나고 있는 것이다. 세계화가 세계를 위기로 몰아가고 있다는 것은 다시 설명할 필요조차 없다.[49]

세계적인 금융자본에 대해 "일종의 '저항인터내셔널' 같은 것을 창설하도록 노력"하고 "세계 주요 금융기관들이 함부로 투기행위를 하는 것을 막아내기 위하여 애쓰겠다"는 카생의 생각은 위에서 말하고 있는 생각의 연장선에서 이루어진 것이다.[50] 이런 생각이 구체화된 것이 바로 아탁 운동이다. 말하자면 카생이 찾아낸 해법은 미국의 토빈 교수가 그 가능성을 제시한 제도, 즉 전(全) 지구를 떠도는 금융자본(핫머니)에게 우리가 내고 있는 것과 같은 성격의 세금을 부과하자는 생각을 구체화한 것이다. 카생의 이런 인식과 해법 제시는 우리나라의 태도와는 여러 가지 면에서 거리가 멀다고 할 수 있다.[51]

알다시피 1997년 말에 우리나라를 강타한 외환위기는 한국의 실물경제(펀더멘틀) 자체의 허약성보다는 이른바 '유동성'이라 부르고 있는 현금, 정확히 말해 국제적으로 통용이 되는 달러화의 부족 때문이었다. 이런 유동성의 위기가 갑자기 한국에 나타난 데는 많은 학자들이 거론하고 있듯이, 우리나라의 주식시장에서 주식투자로 수익을 올리거나 환차익을 올리려고 자본자유화라는 명분 아래 들어와 있던 미국 투자회사의 자본의 움직임도 적지 않은 영향을 끼쳤다. 핫머니의 이 같은 폐해로부터 개발도상국의 경제안정을 지키기 위한 조치가 바로 토빈세의 취지이고 이를 추진하는 운동이 아탁이다.

그런데 흥미로운 것은, 아쉽게도 그 후속조치는 없었지만, 1997년 외환위기로 인한 IMF사태 때 한국 정부도 토빈세 과세를 검토했다는 사실이다. 특히 우리나라가 외환위기를 맞이하기 전에 이미 '외환거래세'의 도입을 한국은행이 검토하고 있었다.[52] 또 외환위기 중이던 1997년 12월 8일에 정부는 자본시장 대폭 개방에 따른 핫머니 유입에 대비해 비상조치로 활용할 수 있는 외환거래세 또는 외환차익세 도입을 검토하고 있다고 발표한 적도 있다.[53]

아탁의 시각에 따르면 지금의 세계화는 사람들과 민주적인 제도, 주권국가들의 선택권을 왜곡하면서 그 주권을 줄이고 있고, 오늘날 금융의 모든 영역에서 나타나고 있는 범죄적인 금융 발전과 일치하고 있으며, 국가 주권과 민주제도를 다국적기업과 금융시장의 이익을 대변하는 논리로 바꾸고 있다.

'다른 세계화'를 향하고 있는 아탁은 현재의 세계화에 대한 반론을 펼치면서 자신들의 근거로 '유엔개발계획(UNDP)'이 1999년에 발표한 보고서를 자주 인용하고 있다. 이 보고서에 따르면 다국적기업의 매출액이 한 국가의 총생산량을 능가하고 있다. 가령 제너럴모터스사의 매출액은 노르웨이·그리스·이스라엘·베네수엘라 등의 국내총생산보다 많다.[54]

아탁은 지금의 세계화가 주장하는 시간·거리의 단축이 과연 무엇을 위한 것인지 유엔개발계획의 보고서를 인용해 따지고 있는데, 이 보고서는 우리가 과연 어떤 목적으로 세계화를 하고 있는지 생각해보게 한다는 점에서 커다란 울림을 주는 것 같다.

시간의 단축, 거리의 축소, 국경의 소멸, 하지만 이것은 누구를 위한 것인가? …… 공간과 시간과 국경의 소멸은 분명 지구촌을 만들고 있다. 하지만 모든 개인들이 다 거기에 속하는 것은 아니다. 세계적으로 볼 때 엘리트는 아무런 국경 없이 지낼 수 있지만 그보다 훨씬 많은 사람에게 있어 국경은 여전히 존재할 뿐만 아니라 뛰어넘을 수 없는 것이다.[55]

다른 경제

지금까지 시장경제 논리의 문제점과 함께 이에 대한 대안으로 생각할 수 있는 몇 가지 새로운 방향의 움직임에 대해 살펴보았다. 대안이라는 것이 흔히 그러하듯이, 어떤 것들은 사회로부터 호응을 얻지 못하거나 혹은 실현가능성이 적어 그냥 하나의 안으로만 존재하다가 사라질 수도 있을 것이다.

그렇다고 해서 우리는 그런 대안이 가진 의미가 없다고는 결코 생각하지 않는다. 한 번 더 강조하지만, 이상에서 생각해본 대안들은 어디까지나 실현 가능성이나 효용성에 의해 의미가 정해지는 것이기보다는, 너무나도 당연한 논리인 양 우리 일상을 지배하고 있는 기존의 경제 논리에 대한 새로운 시각을 모색해본 것만으로도 결코 그 의미가 작지 않을 것이기 때문이다.

지금의 시장경제 논리는 흔히 TINA로 약칭되는 대처 총리의 슬로건 '다른 대안은 없다'는 생각에 근거해 있다. 과연 그럴까? 지금 세계가 맞이한 경제위기는 '대안 없음'이라는 생각이 붕괴하고 있고 실제로 그런 생각이 일종의 신앙 체계였음을 드러내고 있다고 볼 수 있다. 금융(finance)이라는 말은 신뢰와 믿음을 의미하는 라틴어 fides에서 나왔다. 그래서 모든 금융위기는 신앙의 위기와 유사하다. 그러므로 현재의 금융위기는 풍요와 기존 권력에 대한 다른 상상력을 열어줄 기회일 수도 있다.[56]

여기서 하나 혼동해서는 안 될 중요한 것을 지적하기로 하자. 앙드레 오를레앙이나 장-피에르 뒤퓌 같이 르네 지라르의 모방이론에 기대어 새로운 경제를 생각하는 사람들이 주장하는 '새로운 경제'란 것은, 기존 경제를 완전히 폐기하자는 의미가 아니라는 사실이다.

지라르디앵들이 주장하는 경제 재편은 '관계의 경제' 혹은 '일반경제'라는 더 일반적이고 더 큰 틀의 경제를 제시함으로써 자발적 욕망과 경쟁에 바탕을 둔 기존의 경제를 그것의 한 부분이 되도록 하겠다는 의미로 이해해야 한다. 바슐라르가 이야기했던 '감싸기'의 의미가 바로 그것이다.

또 하나 지적할 것이 있다. 지금 우리가 취할 수 있는 결정은 완전히 획기적이고 근본주의적인 모델을 택하여 오늘날의 '시장사회'에 저항하느냐, 아니면 지금의 '시장사회'를 포용해야 하느냐의 문제가 아니다. 그런 선택보다는 차라리 희생양 메커니즘의 변형체인 오늘날의 '시장사회'와 팽창주의를 계속 발전시켜 나가느냐, 아니면 보다 더 공정하고 보다 덜 파괴적인 성취를 추구하느냐 하는 진정한 선택을 해야 한다는 점이다.

그리고 정치권력은 지금과 같이 창조적 에너지를 고갈시키는 지배의 권력이어서는 안 되고, 창조 에너지의 촉매제 역할을 하는 권력, 즉 협업으로 확산되는 창조의 권력이어야 할 것이다. 동시에 가치에 대한 새로운 인식도 필요할 것이다. '주주가치의 창조'라는 표현처럼 오늘날 '가치'라는 말은 오로지 경제적으로 축소된 의미로 사용되고 있다. 그 결과 사회 생명력의 가능한 모든 창조성이 오로지 한 방향으로만 유도될 뿐 나머지는 황폐화되고 있는 것이 지금의 현실이다.

'가치(valeur)'라는 말은 로망스어계에서는 모두 '생명의 힘'이라는 의미를 담고 있다. 이를 보더라도 창조적 권력을 갖기 위해서는 또한 상상력을 해방시켜서 가치가 가진 생명의 의미를 되살릴 수 있어야 할 것이다. 이를 위해 권력은 무엇보다 먼저 기존 의미를 재해석하는 관용과 권리가 활짝 열려 있는 사회를 만드는 데 관심을 기울여야 할 것이다. 공공정책은 단순히 단기간에 위기를 관리하는 정책이어서는 안 되고, 그 대신 지속가능한 인간적인 발전의 새로운 형태가 생겨날 수 있도록 관계의 경제에 주력하는 것이어야 할 것이다.[57]

인간은 타인의 고통을 즐기는 종족이 아니다

인간의 모든 행위가 결국 인간의 행복을 위한 것이라 한다면, 그 행복이란 것이 결코 타인의 불행 속에서만 가능한 제로섬 게임의 산물은 아닐 것이다. 새로운 경제를 모색하면서 우리가 꿈꾸는 인간사회에 대한 에드니의 다음 지적으로 새로운 경제를 모색하는 우리의 꿈꿀 권리를 다잡아 보기로 하자.

인간은 이기적이다. 물론이다. 경쟁적인 존재다. 물론 인정한다. 그러나 우리는 타인의 고통으로부터 결코 즐거움을 얻지 않는다. 간단히 말해 우리는 그렇게 잔인한 종족이 아니다.[58]

사람이 잔인해지는 것은 자신이 현재 제로섬 게임에 빠져 있다고, 다시 말해 천국이 하나만 있다고 여기기 때문일 것이다. 그런데 곰곰이 생각해보면 천국에 이르는 길이 하나만 있는 것이 아니라는 것을 알 수 있다. 만약 어떤 사람이 천국에 이르는 길이 하나만 있다고 주장한다면, 그가 말하는 천국은 천국이 아닐 것이다. 그래서 다시 고쳐서 말해보자. "천국 가는 길이 하나만 있는 것도 아니지만, 원래 천국이란 것도 하나만 있는 것이 아니다"라고 말이다.

제3장 경쟁에서 협력으로

청소년들의 자살 소식만큼이나 잇따라 들려오는 학교폭력 사건은 경쟁의 또 다른 결과다. 1등을 기리는 상벌 제도는 은연중에 경쟁을 부추기고 있다. 승리자만을 인정하는 경쟁 논리 자체가 하나의 폭력인지도 모른다. 다음 지적처럼 폭력을 행사하면서도 학생들의 폭력이 학생 개인만의 문제인 양 생각하는 태도 자체가 진정 놀랄 만한 일이라 할 수 있다. 학교폭력이 개인 학생의 책임일까?

교실에서는 다른 친구들을 이기고 승리한 학생에게만 상을 주면서 아이들이 복도·운동장·길거리에서 서로 폭력을 행사하는 이유에 대해 전혀 이해하지 못하는 교사들의 자질은 참으로 놀라울 뿐이다. 대부분의 선생들은 은근히, 때로는 노골적으로 배움보다는 다른 이들에게 이기는 것이 더 중요하다고 가르친다. 이것은 폭력이 아닌가? 학교에서의 패배는 작은 물결을 일으키는 하나의 조약돌이다. 그것은 널리 퍼져서 적대감을 영속시키고 그 적대감은 친구들이나 부모들의 비난, 정체성의 상실에 의해 더욱 강화된다.[1]

알피 콘(Alpfie Kohn)에 따르면 경쟁적인 유형의 사람들에게서 폭력적이며 권위주의적인 파쇼 기질이 높게 나타난다는 것이 밝혀졌다. 경쟁과 공격성의 분명한 상관관계를 보여주는 조사 결과라 할 수 있다. 경쟁에 젖어 있는 학생들이 폭력적이 되는 것은 당연한 결과라 할 수 있다.

경쟁 논리의 또 다른 부작용을 간과해서는 안 될 것이다. 그것은 경쟁 논리에 젖어 있는 사회는 '남을 이기는 것'과 '잘하는 것'을 동일시하고 '승리'와 '성공'을 같은 것으로 인식하고 있다는 것이다. 대한민국 사회야말로 이런 착각에 아주 깊게 빠져 있는데, 그만큼 우리 사회는 경쟁을 당연시하는 분위기에 무비판적으로 젖어 있다는 방증일 것이다.

이런 현상은 지라르 모방이론의 '경쟁으로 인한 쟁점이동'에서 살펴보았듯이, 경쟁에 휩싸이는 순간 애초의 경쟁

대상 혹은 경쟁의 목표가 사라지는 현상으로 설명할 수 있을 것이다. 잘하는 것이 애초의 목표였으나 경쟁에 휩싸이면서 이 목표는 사라지고 오로지 경쟁에서 이기는 것만이 목적으로 변하고 만 결과가 그것이다.

사정이 이러하기에 경쟁은 결코 나은 결과를 가져다준다고 단언하기 힘들다. '잘하려고 노력하는 것'과 '남을 이기려고 애쓰는 것'은 전혀 다른 것이기 때문이다.

물론 경쟁에서 승리는 상대적으로 누가 더 나은 성과를 올렸는지를 통해 결정되지만 이것으로 경쟁이 더 좋은 성과를 낸다고 단언할 수는 없다. 왜냐하면 자신이 질 거라고 생각하는 사람은 최선을 다하지 않을 수 있으며, 자신이 이길 거라고 확신하는 사람도 마찬가지이기 때문이다. 또한 승패를 확신하지 못하는 경우에도 단지 경쟁자에게만 신경을 쓰며 승리를 쫓다보면 실제로 자신의 일에 전념하지 못하기도 한다. "경쟁적인 개인들은, 남을 제치고 자신이 앞서는 데에 너무 신경을 쓰느라 과학적 이슈에서 벗어나며 피상적이고 일관성이 떨어지는 연구 성과를 낳는다. 이기는 데 집착하기 때문에, 자신이 해야 할 일에서 경쟁으로 정신을 빼앗기게 된다"는 지적도 경쟁으로 인한 쟁점이동으로 이해할 수 있을 것이다.[2]

경쟁에 들어 있는 이런 부정적인 면보다 어쩌면 더 나쁜 것은, 경쟁을 하는 사람들은 창의적인 생각을 할 수가 없다는 것이다. 경쟁에서 이기는, 즉 경쟁력 있는 교육을 실행하는 다른 한편으로 창의적 인간의 양성을 목표로 외치고 있는 것은 절대 양립할 수 없는 전형적인 이중명령이라 할 수 있다. 경쟁에서 '이기는 것'이 결코 스스로 성취감과 만족감을 느끼는 '잘하는 것'이 아니고, 같은 뜻에서 '승리'와 '성공'은 다른 것이기 때문이다.

창의성은 무엇보다도 실패를 두려워하지 않는 편안한 심리 상태에서 발휘된다. 상대와의 경쟁에서 이겨야 한다는 압박 속에서는 창의성이 발휘되기가 힘들다. 그뿐 아니라 경쟁은 또한 자신의 일에 대한 자발적인 의욕도 떨어뜨린다. 승리만을 위한 경쟁에서는 스스로 자신의 모티브를 발견하여 밀고나가는 자발성과 창의성이 발휘될 수가 없기 때문이다.

학생들의 동기유발에 관심이 없는 사람들은 모든 학교에 똑같은 시험지를 나누어주고 누가 정답에 검은 칠을 잘하는지 경쟁을 시킬 것이다. 풍부하고 창조적인 교육, 또는 아이들의 창의력과 학습의욕을 없애버리고 싶다면 일제고사 같은 시험에 더 많이 의존하면 된다.[3]

이상과 같은 경쟁의 폐해를 살펴본 콘은 아직도 경쟁력을 외치는 사회를 향해 "이제는 병원·학교·기업, 그리고 정부도 '경쟁력을 키워야 한다'고 말을 하는데, 이는 타인을 이기는 것과 일을 잘하는 것을 전혀 구분하지 않음으로써 우리를 혼란스럽게 한다"고 주장한다. 이 순간 우리는, 경쟁력이 강화된다면 과연 어떤 일을 잘할 수 있느냐고 물어봐야 한다는 것이다. 그런데 이런 질문에 대한 대답은 우리가 흔히 생각하는 것과 달리 '그렇지 않다'이며, 오늘날의 학교는 지금 너무 경쟁적이기 때문에 제대로 된 학습을 하지 못한다는 것이 콘의 생각이다.[4]

경쟁에서 협력으로

그렇다면 우리 청소년으로 하여금 끔찍한 선택을 하도록 부추기는 경쟁을 대신할 대안으로는 어떤 것이 있을 수 있을까? OECD가 주관하는 국제학력조사인 PISA에서 최근 들어 종합 1등을 놓친 적이 없는 핀란드의 교육과 노벨상 수상자의 22퍼센트에 달하는 유대인의 학습방법에서 실마리를 찾아보기로 하자. 인터넷언론에 실렸던 기사를 중심으로 핀란드 교육현장을 살펴보자.[5]

1990년대 들어 동구권이 몰락하면서, 경제가 파탄 위기를 겪은 역사를 가진 핀란드는 살아남으려면 내부적으로 무한경쟁을 자제해야 한다는 공감대가 있었던 것 같다. 대사관 관계자의 전언은 "북유럽 국가는 오랫동안 유럽의 변방 취급을 받았다. 게다가 핀란드는 자원이 적고 강대국에 둘러싸여 있으니까, 사람에 투자하는 수밖에 없다. 한 명도 낙오하지 않고 자신의 재능을 최대한 발휘하도록 해야 한다는 공감대가 있다"는 것이다. 인권과 연대 의식이 유난히 강해서라기보다, "경쟁을 자제하고 협동을 강조하는 모델이 더 실용적이기 때문"이라는 설명이다. 각자 생수를 사서 마시는 것보다, 세금으로 수돗물 관리에 투자하는 게 더 효율적이라는 설명과 같다. 사교육에 들어가는 돈을 세금으로 거둬서 공교육에 투자하면 모든 아이들에게 훨씬 질이 높은 교육이 가능해지는 이치와 같을 것이다.

그러나 수돗물과 교육은 다른 측면이 있다. "내가 꼭 남보다 더 좋은 물을 마셔야 한다"는 생각을 가진 사람은 흔치 않다. 자신이 마시는 물이 얼마나 깨끗한지가 문제일 뿐이다. 굳이 남과 차별화해야 할 필요는 거의 없다. 그런데 "우리 아이가 꼭 남보다 더 나은 교육을 받아야 한다"는 생각을 가진 사람은 많다. 모두가 좋은 교육을 받고 있는 상황에서도, 우리 아이는 다른 아이보다 앞선 교육을 받아야 한다는 생각에 사로잡힐 수 있다. 교육의 질보다 '남과의 차별화'에 더 초점을 맞춘다. "모두가 나쁜 교육을 받더라도, 우리 아이가 1등을 하면 만족스럽다"는 생각이 번지는 경우다. 수돗물에 대해 이런 생각을 하는 사람은 없다. "모두 나쁜 물을 먹더라도, 내가 그중에서 가장 좋은 물을 먹기만 하면 된다"고 생각할 리는 없을 것이다.

핀란드 교육에서 이런 생각이 가능한 것은, 우리 일상을 지배하는 상호성 원칙에서 드러나듯이 타인과의 관계를 더 우선시하는 인류 보편적인 성향이 작용한 덕분이라고 말할 수 있다. 이에 비해 교육현장에서도 경쟁을 강조하는 우리의 태도는 타인들과의 관계보다는 내 자식만의 행복을 우선시하는 태도가 강하기 때문일 것이다. 이것은 곧 타인보다 자신이 돋보이고 차별화되기를 바라는 이기심이다. 차별화하려는 욕망이 커지면 당연히 교육의 전체적인 질은 떨어진다.

핀란드를 비롯한 북유럽 교육이 우리나라 교육과 다른 가장 큰 질적인 차이 중의 하나는 평가가 개인 단위가 아닌 팀 단위로 진행된다는 것이다. 따라서 팀 구성원은 혼자 높은 점수를 받기 위해 애쓰는 게 아니라 팀 전체가 좋은 결과를 얻도록 노력하게 된다. 여기에는 '혼자서만 똑똑한 사람'보다는 팀워크, 즉 협력에 능한 사람이 기업에서 더 뛰어난 '경쟁력'을 발휘한다는 실용적인 고려도 작용하고 있다는 것을 알 수 있다. 자기 점수를 높이는 데만 골몰하는, 즉 경쟁에만 매달리는 아이들이 생겨나는 것을 막기는커녕 오히려 부추기고 권장하는 제도를 시행하고 있는 한국 교육과는 천양지차라 할 수 있다.

경쟁보다는 협동을 강조하는 핀란드 교육은 구성원 상호 간의 인간관계에 초점을 맞춘 것이라고 정리할 수 있을 것이다. 이와 유사한 교육 혹은 학습방법이 있는데, 그것은 '예시바(yeshiva)'라는 유대인의 전통 학습기관에서 엿볼 수 있다.

협력의 교육 ─ 예시바

2009년 12월 6일 KBS 1TV에서 방영된 〈KBS스페셜 세계탐구기획─유대인 1편: 0.2퍼센트의 기적, 유대인 성공의 미스터리〉를 통해 예시바에 대해 알아보자. 세계 인구의 0.2퍼센트를 차지하는 유대인이 노벨상 전체 수상자의 22퍼센트에 이르고 있는 미스터리를 이해하는 실마리를 얻을 수 있을 것이다.

유대인의 전통적인 학습기관인 예시바는 무엇보다 먼저 매우 시끄럽다. 그리고 좌석 배치가 특이하다. 두 사람 이상이 서로 마주보거나 나란히 앉도록 좌석이 배열되어 있다. 토론을 위한 구조다. 2,000년 전부터 유대인이 거주하는 곳

어디든 예시바가 있었다. 공부하러 온 사람들은 질문과 토론을 통해 해답을 얻는다. 처음 보는 사람끼리 스스럼없이 서로 질문하고 의견을 나눈다. "누구나 함께 앉아서 토론할 수 있다. 보통 짝을 지어 공부한다. 돌아다니면서 자신의 생각을 가져와 토론한다." 학생들이 전하는 말이다.

우리가 흔히 생각하는 조용한 도서관과는 판이하게 다른 모습이다. 조용히 책장 넘기는 소리만 들리는 도서관⋯⋯. 공부는 혼자서 하는 것이라는 우리의 생각이 선입견임을 깨우쳐주는 것 같다. 질문과 토론이 오가는 도서관, 예시바는 유대인의 공부란 어떤 것인지를 잘 보여주는 것 같다. 유대인 학생이 전해주는 예시바의 이런 모습에서 참된 공부란 어떤 것인지, 경쟁을 통하지 않고서도, 아니 경쟁이 아닌 협력을 택했기에 유대인의 교육이 훌륭한 성과에 이를 수 있다는 것을 느끼게 해준다.

이것이 유대인의 전통적인 공부 방법입니다. 아주 옛날부터 이런 식으로 공부를 했습니다. 혼자서 공부하는 게 아니라 다른 사람과 대화를 하면서 서로 깊이 이해할 수 있습니다. 서로의 생각을 주장하고 싸워가면서 진실에 대한 깊은 이해를 하게 됩니다. 이 모든 과정이 토론과 대화를 통해 이루어집니다.

이어서 프로그램은 이스라엘 한 소도시에 설치된, 노벨상 수상자를 기리는 118개 석상을 보여준다. 지금까지 노벨상의 22퍼센트를 유대인이 휩쓴 숫자다. 세계 인구의 0.2퍼센트라는 숫자에 비하면 100배가 넘는 비율이다. 유대인의 이런 성과를 낳은 저력을 말해주는 것이 바로 예시바에서 볼 수 있는 경쟁이 아닌 협력의 태도일 것이다.

지금까지 살펴본 바로는 경쟁이 최선의 방법은 아니다. 오히려 구성원 사이의 우호적인 관계를 유지하는 데에는 협력이 훨씬 유리하다는 것을 확인할 수 있었다. 유대인의 도서관 예시바나 핀란드의 교육이 웅변적으로 보여주고 있는 것이 협력이다.

협력은 상호간의 노력을 좀 더 능률적으로 만드는 반면에 경쟁자들은 서로를 믿고 의지함으로써 얻는 이익을 누릴 기회를 거의 갖지 못한다. 또한 타인에게 인정받는다고 느끼는 사람은 인간관계에서 오는 안정감으로 인해 더 자유롭게 문제를 탐구하고 모험에 도전하며 가능성을 즐긴다. 또한 "비웃음을 피하기 위해 자신의 실수를 감추기보다는 그 실수에서 배움을 얻는다." 만약 타인이 잠재적인 협력자에서 적대적인 경쟁자로 변하는 상황이 되면 이런 일은 절대 일어나지 않을 것이다. 이것이 바로 경쟁 자체에 포함되어 있는 문제다.[6]

경쟁이 아닌 협력의 방법이 어떠한지를 핀란드의 교육과 유대인의 예시바를 통해서 살펴보았다. 그렇다고 핀란드의 교육제도와 유대인의 학습방법을 그대로 우리에게 적용하자는 것은 아니다. 서구는 서구대로 적절한 방법이 있고 동양에는 동양에 적합한 방법이 있기 때문이다. 단지 다른 사회에서 인간다운 사회를 만드는 데 긍정적인 방법이 있다면 그것을 원용해서 우리에게 모자라는 부분을 보완할 수 있을 것이다.

이런 생각에 기초해서 오늘날 우리 사회에 만연해 있는 경쟁의 회오리로부터 벗어나서 좀 더 인간적인 사회 분위기를 만드는 데 일조할 수 있을지도 모를 몇 가지를 조심스럽게 제안해 보고자 한다. 다른 것은 몰라도 이런 분위기를 통해서 청소년들이 스스로 목숨을 끊게 하는 끔찍한 경쟁으로부터 벗어날 수 있다면 얼마나 좋을까.

제4장 나가면서

이러한 제안을 두고 "실현 가능성이 없다"고 말할 사람들이 분명히 있을 것이다. 다양성을 살리고, 하나라는 고정관념을 만들어내는 이원론적 세계관을 버리고 정답이 하나만 있지 않다는 일원론적 태도를 취하는 것이 그렇게 불가능하다는 말일까? 우리 한번 차분히 따져보자.

실현 가능성이 무르익은 것을 제안하는 것이 인류역사상 새로운 대안으로 제시된 적이 있었던가? 지동설은 그것을 인정하는 분위기가 무르익었을 때 나왔고, 유관순 열사는 대한독립의 분위기가 무르익었을 때 나섰던 것일까? 자문해보자. 가능한 것만 꿈꾸는 것을 꿈이라고 말할 수 있을까?

프랑스 68혁명에서는 "현실주의자가 되자. 불가능을 요구하자"라는 슬로건이 있었다.[1] 현실주의자는 현실을 부정하지 않는다. 현실을 부정하지 않는다는 것이 지금 가능한 것만 생각하는 것일까? 만약 그렇다면 우리 사회가 높이 평가하는 스티브 잡스도 나오지 못하고 독립군도 나올 수 없지 않았을까?

동양의 큰 스승인 공자의 생각도 당시 상황에서는 실현 불가능한 꿈이었을 것이다. 그러나 바로 그러하기에 더없이 소중하다는 어느 인문학자의 말을 들어보자. "우리 현실이 현실만으로 이루어진 것이 아니"라는 지적은 프랑스 68혁명 슬로건과 절묘하게 상응하면서 우리에게 깊은 울림을 준다.

공자님은 절대로 실현이 불가능한 이상을 품고 그 도(道)의 나라를 지상에 세우려고 떠돈다. …… 현실에서 실현 불가능한 것을 현실 속에서 실현하려고 떠도는 그 천형의 세월들!

하지만 공자님은 그 때문에 너무 소중하다. 공자님의 그 실현 불가능한 이상 때문에 더 소중하다. 그 이상을 잃은 사회는 현실도 잃는다. **현실은 말 그대로 현실만으로 이루어져 있지 않기 때문이다. 현실이 현실로 존재하는 것이 가능한 것은 그 안에 불가능한 꿈이 존재하기 때문이다.** 그래서 오늘날 우리에게 공자님 말씀은 더 현실적으로 의미가 있다. 우리는 꿈

을 잃고 살기 때문이다.[2]

우리 사회는 틈만 나면 창의성과 창발성과 상상력을 강조한다. 진정으로 창의적이기를 원한다면 우선 불가능을 꿈꾸어야 할 것이다. 현실의 힘은 세다. 그래서 현실을 인정해야한다. 그런데 지금의 현실은 예전 어느 시기에는 실현성 없던 누군가의 꿈이 실현된 결과가 아닌가.

하루가 멀다 하고 쓰러져가는 우리 청소년들을 더 이상모른 체할 수 없다. 아니, 다들 말은 그렇게 하고 있다. 이런말들만 무성한 가운데 지금도 어느 구석에서 힘겹게 이 순간을 보내고 있을 청소년들에게 창의성을 강조하는 우리 사회는 무언가를 내놓고 손을 내밀어야 하지 않을까.

교실이 무너졌다는 말도 있다. 동급생이 친구가 아니라경쟁자라서 노트도 빌려주지 않는다는 말도 있다. 모든 게경쟁으로 통하고 경쟁력이 모든 것의 장점이 되고 사람도하나의 인적 자원이 되는 사회의 구성원은 모두가 힘들고버겁다.

그런데 이런 경쟁을 부추기는 세력의 핵심은 '적은 비용에 많은 효과'라는 경제 원칙을 추구하는 경제 논리, 더 정확히 말하면 시장경제 논리다. 시장경제 논리가 우리 사회를지배하면서 나타나는 온갖 부작용 혹은 병폐는 앞에서도 살펴보았지만 그중에서도 간과해서는 안 되는 것 중의 하나는 바로 가치전도 현상일 것이다.

이런 이야기도 있다. 휴대폰이 처음 나왔던 시절, 교실에서 휴대폰을 사용하지 말라는 선생님의 훈시에도 불구하고 수업 중에 휴대폰이 울리자 그 휴대폰을 갖고 있던 학생이 부끄러워 고개를 들지 못했단다. 그런데 그 학생이 부끄러운 것은 수업시간에 휴대전화가 울려서가 아니라, 당시에 유행하던 16화음의 벨소리가 아니라 이전의 단음 벨소리라서 부끄러웠다는 것이다.

이런 차원에서 실현 가능성이라는 굴레에서 벗어나 새로운 패러다임을 찾아보자. 우리가 지금까지 살펴보았던 주제들 중에서 시급하다고 여겨지는 주제를 다시 정리해 보면서 다음과 같은 새로운 틀을 조심스럽게 제안해보고자 한다. 이 제안이 앞서 살펴본 논의를 재론하는 것은 그만큼 이런 주제가 우리에게 시급하다는 것을 강조하기 위함이다. 동시에 이 제안은 우리 생각의 기존 틀에 대한 구체적인 방향전환의 키워드라고 볼 수도 있다.

1) 모방을 숨기지 말자

'거울뉴런'에서 확인하였듯이 우리는 우선 일상적으로 모방을 하는 존재란 사실을 잊지 말자. 청소년들의 자살행렬에도 모방이 스며들어 있다는 것도 잊지 말자. 그런 의미에서 청소년들의 자살행렬을 막기 위해서는 우선 자살 보도부터 자제할 필요가 있다. 모든 자살은 삶이 팍팍한 사람들에게는 또 하나의 미래의 모습으로 비칠 수 있기 때문이다. 한때 높은 자살률로 고심하던 핀란드에서는 언론기관들이 솔선해서 자살 보도 자제를 통해 자살률을 낮춘 적이 있다.

타인을 모방한다는 사실을 더 이상 감추지 말자. 서로를 모방하면서도 모방 사실을 감추는 내면적 간접화는 우리를 시기와 선망과 질투가 수반되는 경쟁에 들어가게 한다. 경쟁에 들어가는 순간 진정 의미 있는 애초의 쟁점은 망각되고 오로지 경쟁에서의 승리만이 제일 중요한 것으로 부각된다. 허상만 뒤쫓는 결과가 된다는 말이다.

앞에서 보았듯이, 오늘날 시장경제 논리가 보여주고 있는 것이 바로 이런 현상이다. 승리하는 것과 잘하는 것은 다르다. 한 번 더 말하지만 '승리는 성공이 아니다'. 1등만을 삶의 목표로 삶는 어리석음을 범하는 우리 모습도 결국 타인을 모방하는 것을 인정하지 못하고, 마치 우리는 타인을 모방하지 않는 것처럼 여기고 있는 것에서부터 출발한 것을 알 수 있다.

모방 사실을 인정하고 스스로의 모방을 들여다보면, 타인을 모방하는 것은 타인은 우리와 다르게 아주 행복한 삶을 살고 있다는 우리의 짐작이나 우리와는 다를 것이라는, 우리 스스로가 만들어낸 막연한 기대의 산물이란 사실도 깨우치게 된다. 처음에 가졌던 짐작과 기대 또한 근거 없는 것이란 것을 자각하게 될 것이다.

우리 스스로 과거에 비해서 월등히 나은 삶을 살고 있으면서도 자신의 과거와 비교는 하지 않고 항상 지금 타인의 상태와 우리를 비교한다. 타인에 비해 우리가 뒤떨어졌다고 여기기 때문에 우리의 삶은 항상 결핍되었다고 여긴다. 그런 식의 삶에서는 '풍요의 배반'을 피할 수 없다. 우리 외부의 것으로 우리를 만족시키려들면 항상 배반당할 수밖에 없는 것이다.

그런데도 우리는 우리 밖의 물질을 통해서 우리의 결핍을 채우려고 애를 쓴다. 그것이 바로 시장경제 논리의 주된 생각이다. 하지만 결핍의 해소책을 외부 물질의 대량생산으로 착각하는 순간, 우리는 우리를 아프게 한 것을 가지고 우리를 치유하려고 애를 쓰고 있는 중이란 것을 깨닫게 된다. 이 순간 우리는 이런 시장경제 논리는 폭력으로 또 다른 폭력을 물리치는 '희생양 메커니즘'의 일종이라는 것을 알게 된다. 앞에서 우리는 오늘날의 시장경제 논리에는 제3자의 희생 위에서의 번영을 기대하는 태도가 녹아들어 있다는 것을 확인한 바 있다.

2) 다양성을 살리자

우리 사회를 가능한 한 다양하게 운영하자. 공부로만 줄을 세우지 말고 여러 가지 자질로 줄을 세우자. 실패는 실수일 뿐 좌절이 아닌 것이 되려면 한 영역만을 중시하는 태도보다는 여러 가지 영역을 병렬적으로 인정하는 사회분위기를 조성하는 것이 급선무다.

우리나라에서 외국어는 곧 영어이고 외국영화는 곧 미국영화이고 외국노래는 미국노래다. 심각한 편식증이다.

자살하는 학생들은 이 세상이 성적 하나만으로 되어 있는 줄 알았던 학생이다. 물론 열심히 노력하여 공부 잘하고 높은 성적 받는 것은 중요하다. 그러나 거기까지다. 혹시 성적이 안 좋다고 인생 자체를 포기할 생각이 들지 않도록 사회분위기를 만들어야 한다. 천국에 이르는 길이 하나만 있는 세상을 사는 사람은 힘들 수밖에 없다. 행복에 이르는 행로가 여러 개가 있다는 것을 인정하고 특히 청소년에게 이 세상은 결코 하나의 정답만 있는 것이 아니라는 생각을 갖도록 해야 한다.

우리나라 초등학생은 ( )+2=10이라는 수학 문제를 처음 접하지만, 핀란드의 초등학생은 ( )+( )=10이라는 문제를 접한다. 정답이 하나만 있는 줄 아는 것이 우리나라 청소년이라면 여러 개의 정답이 가능한 줄 아는 것이 핀란드 청소년들이다. 이런 환경에서 학생들에게 "창의적인 인재가 되라"고 훈시하는 것은 그야말로 우이독경이고 이중명령이다.

3) '경제인'의 환상에서 벗어나자

오늘날 우리 사회에서는 '인성교육'에 관한 논란이 활발하다. 오로지 효율성을 추구하는 경쟁 일변도의 교육에서 오는 전인교육의 미비점을 보완하려는 노력일 것이다.

올바른 인성교육은 무엇보다도 우리 사회가 왜 인성교육이 필요하게 되었는지, 어쩌다가 인성이 이렇게도 망가지게 되었는지에 대한 솔직한 성찰이 선행되어야 가능할 것이다.

오늘날과 같이 인성이 파괴된 인간이 늘어난 것은 시장경제 논리가 추구하는 효용성을 가장 귀중한 가치로 치는 인간형 추구가 빚어낸 결과다. 이런 인간형을 시장경제학은 합리적이고 경제적인 인간, 즉 '호모 에코노미쿠스'라고 부르고 있다. 피에르 부르디외가 '인류학의 괴물'이라 부르고 있는, 경제학자들이 만들어낸 허구의 인물인 '호모 에코노미쿠스'는 부를 추구하는 과정에서 제기되는 장애물들을 극복하기 위해 '효용성'의 명분으로 자신의 경쟁자들을 제거하였다.

그런데 '호모 에코노미쿠스'가 제거한 경쟁자들은 '호모 에티쿠스(윤리적 인간)' '호모 엠파티쿠스(공감의 인간)'와 같이 경쟁보다는 협력과 상호성을 높이 치는 인간인데 이들도 사실은 자신의 다른 부분일 뿐이다. 말하자면 개인의 한 부분이 다른 부분들을 제거하는 꼴이다. 그 결과 인간의 본성을 좁은 영역의 개인적 세계에 가두고 말았다. 이리하여 결국 본성을 효력이 없는 것으로 만듦으로써, '호모 에코노미쿠스' 자신도 죽어가고 있는 것이다.[3]

'공감하는 인간'이나 '윤리적인 인간'을 부정하면서 경제적인 가치만이 제일 중요하다고 여겨 '경제적 인간(호모 에코노미쿠스)'만이 비대 성장한 결과는 인성에 대한 백안시다. 그런데 '경제적 인간'과 '윤리적 인간'이나 '공감하는 인간'은 따로 존재하는 별개의 존재가 아니라 한 존재에 들어있는 여러 속성 중의 하나라는 점이 중요하다. 다시 말하면 공감하는 인간이나 윤리적 인간이 쇠퇴한 속에서 경제적 인간만이 풍요롭게 살 수 있는 것이 아니라는 말이다. 그 순간 경제적 인간도 더 이상의 존립이 불가능해진다.

그러므로 인성교육은 호모 에코노미쿠스가 제거한 호모 에티쿠스와 호모 엠파티쿠스를 되살리고, 과도한 호모 에코노미쿠스 원칙들의 속뜻을 되짚어 보면서 이런 원칙에 이의를 제기하는 것을 목표로 해야 할 것이다.

4) 인센티브보다 모티베이션

또 하나 주의해야 할 것이 있다. 그것은 성과가 뛰어난 자에게 보상하는 인센티브 제도는 조심스럽게 접근해야 한다는 것이다. 성과에 대한 인센티브에 끌리기보다는 각자가 자기 스스로의 내면에서 우러나서 어떤 일에 매진할 수 있어야 한다. 바꾸어 말해 어떤 일의 원인과 결과가 자신 안에서 시작되고 완성될 수 있도록 해야 한다. 스스로 성취의 기쁨을 느낄 수 있는 계기를 만들어주어야 한다. 이를 인센티브가 아니라 모티베이션으로 표현할 수 있을 것이다. 성취욕은 외부의 보상에 길들여지게 마련인데, 보상을 전제로 하는 성취욕이란 승리가 바로 성공이라고 착각하는 일종의 경쟁과 같은 것이기 때문이다.

5) 실패는 디폴트값으로

가능하다면 사회의 모든 영역에 하나의 선택지만 있는 것이 아니라, 가능한 한 많은 선택지를 열어놓는 분위기가 형성되어야 한다. 여기서 깊이 생각해보아야 할 것이 있다. 그것은 특히 청소년들의 경우 실패라는 것을 누구나 겪을 수밖에 없는 것으로 인정하는 분위기를 조성하자는 것이다. 청년기의 실패는 실패가 아니라 말하자면 디폴트값으로 인식되도록 사회 분위기를 만들어야 한다는 말이다. 융합형 인재가 되기 위해서 머릿속에서 지워야 할 것이 '실패에 대한 두려움'이라는 조벽 교수의 말도 같은 맥락에서 이해할 수 있을 것이다.[4]

판사나 의사가 되겠다고 목숨을 거는 것은 사회적으로나 개인적으로나 큰 불행이다. 대학 진학을 않거나 영어를 하지 못하면 사회에서 대우를 받지 못한다는 인식도 병적인 사회 분위기다. 선진국에는 중학교에 직업교육과정이 있다.

모두의 욕망이 하나로 수렴하는 것 자체가 위기라는 지라르의 모방이론이 주는 교훈을 사회 모든 영역에서 받아들여야 할 것이다. 너와 나의 구체적인 목표가 서로 다른 것이 더 나은 인간관계의 출발점이기 때문이다.

6) '하나'라는 고정관념을 벗어나자

우리 사회에 집단 무의식같이 널리 퍼져 있는 '우리는 하나다'라는 생각을 검토해 볼 필요가 있다. 정확히 말하면 우리는 단일 민족도 아니고, 단일 혈통도 아니다. 그런데 우리는 왜 혼합에 대해 열린 생각을 가지지 못하는 것일까? 어쩌면 우리는 순수혈통에 대한 무슨 콤플렉스가 있는 것은 아닐까? 입으로는 통섭과 역발상을 외치면서도 우리 자신을 '멜팅팟(용광로)'으로 볼 용기는 왜 없을까? 다시 말하자. 우리는 하나가 아니라, 서로 다른 여럿이다.

모두가 다르다는 것을 인정하고 나면 서로에게서 나와 비슷하거나 같은 면이 먼저 눈에 띄지만, 모두가 같다고 전제하고 나면 서로에게서 나와 다른 면만 먼저 눈에 들어오는 법이다. 동일한 집단일수록 통합이 더 힘든 '짝패의 갈등'을 우리는 일상적으로 체험하고 있지 않은가. 우리 모두 다르다는 것을 인정하자. 거기서부터 시작하는 것이 진정한 사회통합의 자세일 것이다.

7) 이분법에서 벗어나자

경쟁은 이원론적 세계관의 산물이다. '승자독식'이란 말이 말해주듯이, 지금의 경쟁은 선악·진위·미추·호오와 같은 이분법이 강조되는 이원론적 세계관의 반영이다. 상대방을 '악의 축'이라고 칭하는 자는 스스로를 '선의 화신'으로 믿고 있다. 이런 세계관에서는 진정한 화합과 평화를 기대한다는 것 자체가 요원한 일이다. 이원론적 세계관의 발로인 경쟁의 시각에는 특정한 어느 하나를 강조하여 다른 것을 압도하려는 폭력적인 정복욕이 내재되어 있다. 알랭 드 보통이 말하는 '속물의 태도'가 그것이다.

무지개 색깔이 일곱 개라고 통하는 것은, 그렇게 알려져 있던 것을 우리가 믿고 따랐던 결과일 뿐이다. 무지개의 진정한 색깔 수는 하나이자 여럿이다. 이런 인식을 우리는 일원론 혹은 다원론이라 부를 수 있을 것이다. 요즘 자주 쓰이는 말인 '윈윈 전략'이라는 말은 아군과 적군, 승리와 패배가 있는 이원론의 세계관에서는 피상적인 의미만 있을 뿐이다. 진정한 '윈윈'을 위해서는 이원론을 벗어나서 일원론으로 나아가야 한다.

8) 좋은 상호성이 순환하는 사회를 만들자

좋은 상호성이 순환하는 사회를 만들 필요가 있다. 지라르에서 확인하였던 '느린 상호성'과 마셜 살린스(Marshall Sahlins)의 '전면적 상호성 혹은 대칭적 상호성', 그리고 안스팍이 제안하는 '선물의 상호성'이 활성화된 사회를 만들 필요가 있다.

빠른 것은 초조·불안과 전쟁의 속도이고, 느린 것은 느긋함과 평화의 속도다. 지라르의 지적처럼 '느린 상호성'이 순환하는 분위기는 사회의 평화를 보장하고 삶의 질에 만족감을 주는 환경이기 때문이다.

적대 세력 간에 행해지던 것이 '이에는 이, 눈에는 눈'과 같은 '엄격한 상호성'이고, 가족과 같이 우호적인 관계는 반대급부를 전제로 하지 않는 '전면적 상호성'이다. 엄격한 상호성은 곧 복수의 상호성과 같은 '적대적 상호성'이다. 그러나 반대급부를 전제로 하지 않는 전면적 상호성은 호혜와 우의를 낳는 '긍정적 상호성'이다. 적대가 아닌 호혜와 우의의 상호성이 지배하는 사회가 행복한 사회다.

과거로부터의 지배를 허용하는 복수의 폭력이 아니라 미래를 향한 '선물의 상호성'이 선순환하는 사회는 경쟁과 폭력과 이분법이 지배하는 사회가 아니라 협력과 우애와 일원론이 지배하는 사회가 될 것이다.

9) '지배의 권력'에서 '창조의 권력'으로

정치권력은 지금과 같이 창조적 에너지를 고갈시키는 '지배의 권력'에서, 창조 에너지의 촉매제 역할을 하는 권력, 협업으로 확산되는 '창조의 권력'이어야 할 것이다. 서구어 '가치(valeur)'에 담겨 있는 '생명의 힘'이라는 의미를 되새길 필요가 있다. 관계를 황폐화시키고 있는 '주주가치'같이 단순히 경제적인 의미만으로 축소된 가치가 아니라 생명을 살리는 본연의 가치를 되살리는 시각이 필요하다.

이를 위해 권력은 무엇보다 먼저 기존의 의미를 달리 해석하는 관용과 권리가 열려 있는 사회를 만드는 데 관심을 기울여야 한다. 공공정책은 단기간에 위기를 관리하는 정책보다는 지속가능한 인간적인 발전의 새로운 형태가 생겨날 수 있도록 '관계의 경제'에 주력하는 정책을 개발해야 할 것이다.

10) 경제만능 시대에 대처하기

포스트모더니즘과 신자유주의가 득세하면서 '경제독재' 혹은 '경제만능' 시대라고 충분히 부를 수 있는 지금, 갈수록 더 많은 차이가 소멸하면서 경쟁의 열기는 한층 더 높아 가고 있는 이 획일화 시대를 어떻게 살아야 하느냐는 문제는 우리에게 여전히 숙제로 남아 있다. 지라르는 '우리 자신을 능가하는 대단한 작업에 참여하게 될 순간'을 기다리면서 '최악과 최선을 같이 생각하는 균형과 지혜'를 권한다.

지금 세상을 비난해서도 안 되지만 향수를 가지고 보아서도 안 된다. 오늘날 유일하게 가능한 휴머니즘은 끝까지 이 최악과 최선을 같이 생각하는 것이다. 그럴 때 우리는 여러 가지 면에서 우리 자신을 능가하는 대단한 작업에 참여하는 중이라는 사실을 알게 될 것이다. 우리는 그 자초지종은 자세히 모르지만, 이것이 단순히 한 문화의 죽음에만 관련된 것이 아니기를 바랄 수 있다. 평범하게 살아가면서 옆에 있는 백만장자들을 부러워하는 사람이 느끼는 '모방의 괴로움'은 기근으로 죽어가던 중세 사람들의 그것과는 전혀 다른 성질의 것이다. 기술을 숭배해서도 안 되지만 그렇다고 기술을 저주해서도 안 된다. 우리에게는 중용만이 도움을 줄 수 있다. 균형과 지혜가 그것이다.5

'만인 평등'의 기만도 털어내고 '의연하게 체념할 줄 알아야 한다'는 또 다른 인문학자의 충고에서 우리는 차이소멸에 대한 우려를 다시 한번 확인할 수 있을 것이다.

만인 평등이나 환상적인 완전 가능성의 믿음으로 현실을 허울 좋게 기만하는 일 없이 의연하게 체념할 줄 알아야 한다. 오늘날의 인문학자가 할 일 중의 하나는 이미 돌이킬 수 없이 소외된 대중을 구한다는 거창하고도 소박한 야망에 끌리다가 결국은 실의에 빠지고 마는 일이 아니다. 그것은 '재질 있는 사람들'마저, 세계화의 환경 속에서 살아갈 수밖에 없게 되었기 때문에 마침내 대중 속으로 전락하는 일이 없도록 그들을 돕는 것이다. 그리고 가능하다면 군중으로 전락한 것을 의식한 사람들을 다시 '인간'으로 끌어올리도록 돕는 것이다. 오늘날 대학에서의 인문 교육의 임무가 진선미를 밝히고 그 반성적·비판적 탐구를 이어나갈 후계자의 양성에 있다는 것은 예나 다름없다. 하지만 그것은 또한 극성스럽고 권력화된 반인간의 세력에 대해서 그 나름대로 이론적 이의를 제기하고, 그 이의를 환상 없이 실천해나가는 데도 있을 것이다.6

시장경제 논리에 대해서도 우리는 새로운 시각을 요구할 수 있어야 한다. 계속 성장만을 고집해야 하는가? 성장은 과연 어디까지 성장해야 만족스러운가? 지금도 충분히 물자는 풍부하다. 그렇다면 우리는 더 이상의 만족보다는 잠시 멈추어 서서 정말 인간다운 삶, 창조적인 삶—버트런트 러셀 경이 말한 '게으름의 예찬' 속에서—을 살아가는 것이 더 효율적인 삶이 아닌가, 하는 성찰의 시간을 가져야 한다고 생각한다. 호모 에코노미쿠스(경제적 인간)가 아닌 호모 에티쿠스(윤리적 인간)나 호모 엠파티쿠스(공감의 인간)가 되는 것을 목표로 하는 인성교육이나 전인교육의 방향도 진지하게 준비해야 할 것이다.

"물질적인 것은 그 어떤 것도 정신을 충족시킬 수가 없다"는 지라르의 지적을 깊이 새길 때 "행복은 성적순이 아니잖아요"라고 외치는 우리 아이들에게 더 다가설 수 있을 것이다. 결국 우리를 헛된 소망으로 이끌고 가서 경쟁으로 치닫게 하는 우리의 욕망 자체가 하나의 관념이라는 것을 깨닫는 것이 급선무일 것이다.

주

서문

1) Daniel Cohen, *Homo Economicus: Prophète (égaré) des temps nouveaux*, Albin Michel, 2012, p.12.

2) Paul Dumouchel et Jean et Pierre Dupuy, *L'enfer des choses: René Girard et la logique de l'économie*, Seuil, 1979; André Orléan et Michel Aglietta, *La violence de la monnaie*, PUF, 1982; André Orléan, *L'Empire de la valeur: refonder l'économie*, Seuil, 2011; Jean-Pierre Dupuy, *L'Avenir de l'économie: Sortir de l'économystification*, Flammarion, 2012.

3) Cf. "sous l'effet de la mode, toutes les jeunes filles montrent leur nombril au même moment, sans jamais s'être concertées," entretien avec René Girard par Nicolas Truong, *Le Monde de l'éducation*, mai 2006, p.83, dans Revue de Presse par Mark R. Anspach; http://web.lerelaisinternet.com/armpoissy/Presse/presse.html

제1장 사물의 지옥

1) Dumouchel et Dupuy, *L'enfer des choses*.

2) 같은 책, p.10.

3) Jean-Louis Corriéras, *Les Fondements cachés de la théorie économique*, L'Harmattan, 1998. Cf. http://www.scienceshumaines.com/index.php?lg=fr&id_article=10911; *Sciences humaines*, No.95, juin 1999, "Aux frontières de la conscience."

4) Dumouchel et Dupuy, *L'enfer des choses*, pp.138~139.

5) Marx et Engels, *L'idéologie allemande*, Paris, Editions sociales, 1970, p.52.

6) Austruy, Marginalia, "Rapport au Congrès des économistes de langue

française," Paris, Sirey, 1969; Cf. Denise Flouzat, *Economie contemporaine*, Paris, PUF, 1972, t.I, p.7.

7) Dumouchel et Dupuy, *L'enfer des choses*, pp.137~139.

8) 같은 책, 141쪽. 강조는 인용자.

9) 같은 책, 141~142쪽.

10) 같은 책, 143쪽.

11) 같은 책, 144쪽. 여기서 뒤무셸이 말하고 있는 희소성 개념은, 폭력에도 '성스러움'이라는 좋은 폭력과 나쁜 폭력이 있는 것으로 여기게 하는 지라르의 희생양 메커니즘의 개념과 흡사하다는 인상을 짙게 준다.

12) 같은 책, 142쪽.

13) 같은 책, 164쪽.

14) George M. Forster, "Peasant society and the image of limited good," *American Anthropologist* 67, 1965; "The anatomy of envy: A study in symbolic behavor," *Current Anthropoly*, vol.XIII, n.2, avril 1972.

15) Dumouchel et Dupuy, *L'enfer des choses*, p.36.

16) 같은 책, 37쪽.

17) 같은 책, 37쪽 각주 39.

18) 같은 책, 34쪽.

19) 같은 책, 41쪽.

20) 같은 책, 41, 49쪽.

21) 같은 책, 41쪽.

22) 같은 책, 41쪽.

23) René Girard, 김진식·박무호 공역, 『폭력과 성스러움』, 민음사, 1993, 227~229쪽.

24) Dumouchel et Dupuy, *L'enfer des choses*, p.74.

25) 같은 책, 74쪽.

26) 가령 풍년이 들면 우리의 욕망도 커져 있지만 흉년이 들면 자신도 모르는 사이에 욕망은 줄어들어 있다. 고대사회에서 대흉년이 들어도 사람이 몰사하지 않았던 것은 인간 욕망의 이런 가변성 덕분인지 모른다.

27) Dupuy, *L'Avenir de l'économie*, p.25

28) Jean-Pierre Dupuy, *Ordres et Désordres*, Paris, Seuil, 1983, p.32.

29) 같은 책, 32쪽.

30) 같은 책, 31쪽.

31) Némésis de l'économie: 뒤퓌의 이 명명은, 현대인이 경제와 기술로부터 소외되어 있다는 엄격한 소외이론을 주장하고 있는 일리치(Ivan Illich)의 '의료의 네메시스(Némésis médicale)'에서 암시받은 것 같다. 그리스 신화에서 인간이 자신의 능력을 과신하고서 지나치게 자랑하거나, 행복이 너무 과하거나 오만할 때—한마디로 과도함(hubris)의 죄를 범할 때—복수의 신인 네메시스로부터 응보를 받는다. Cf. Pierre Grimal, *Dictionnaire de la Mythologie grecque et romaine*, PUF, 1976, p. 312.

32) 지라르디앵(girardien): 르네 지라르의 모방이론을 지지하면서 이 이론을 원용하는 학자들을 가리키는 말. '지라르 학파' 정도의 의미로 볼 수 있음.

33) Dupuy, *L'Avenir de l'économie*, p.61.

34) Cohen, *Homo Economicus*, p.11.

35) http://www.unesco.org/courier/2001_05/uk/dires.htm; Mark Anspach, "Global markets, anonymous victims", *Courrier* (UNESCO), 2001년 5월호 인터뷰(Interview by Yannick Blanc and Michel Bessières).

제2장 다른 경제를 위하여

1) 졸고, "일반경제를 향하여: 르네 지라르를 통한 경제논리 비판 4", 『한국프랑스학논집』 54집(2006)을 중심으로 정리한 것임.

2) Cohen, *Homo Economicus*, pp.60, 14.

3) 대처 총리의 유명한 '대안은 없다'라는 슬로건에 대한 반박으로 나온 잡지 「대안 경제(Alternatives Economiques)」의 2013년 4월호 주제가 '성장 없이 더 잘살기(Vivre mieux sans croissance)'다.

4) Milton et Rose Friedman, *Free to Choose: A Personal Statement*, New York, Mariner Books, 1990. p.5, in Dupuy, *L'Avenir de l'économie*, p.64 재인용.

5) Dupuy, 같은 책, 64쪽.

6) Alain de Botton, "A kinder, gentler philosophy of success," TED http://blog.naver.com/unnamed_/120121294048. 우리 시대의 뛰어난 상상력의 소유자인 광고기획자 박웅현도 "우리 사회는 정말 이상하다. 왜 하고많은 것 중에 공부 잘하는 것만 가지고 줄을 세우는지 모르겠다. 가령 운동 잘하는 순서대로 줄을 세우거나 마음씨 착한 순서대로도 줄을 세울 수 있을 텐데 말이다"라고 같은 생각을 전하고 있다.

7) Cohen, *Homo Economicus*, p.12.

8) Paul Ekins, *The Living Economy*, London, Routledge, 1986.

9) 「녹색평론」 24호(1995년 9·10월호), 116쪽.

10) 폴 에킨스, "생명의 경제", 「녹색평론」 28호(1996년 5·6월호), 147쪽.

11) Kono Matsu, "Ecological Economics", in Adbusters(Webzine)

12) "7 jours sur la planète" sur TV5MONDE, http://www.tv5monde. com/7jours; http://www.youtube.com/watch?v=plArmZySaqw 2012.3.12

13) Mark Anspach, "Global markets, anonymous victims," *Courrier* (UNESCO) 2001년 5월호. http://www.unesco.org/courier/2001_05/uk/dires.htm

14) 졸고, "차이소멸의 의미연구: 르네 지라르를 통한 경제논리 비판 3", 『불어불문학연구』 62권(2005) 참조.

15) Daniel Cohen, *La Prospérité du vice*, Albin Michel, 2009, 이성재·정세은 옮김, 『악의 번영』, 글항아리, 2010, 252쪽.

16) Cohen, 같은 책, 263쪽.

17) 구조화 투자회사(SIV, structured investment vehicle): 투자은행이 장기고수익 자산에 투자할 목적으로 설립한 투자전문회사. 주로 모기지 증권 등 고수익 장치채권에 투자해 고수익을 얻는다. 단기자금을 조달해 장기투자하기 때문에 단기자금 조달이 막히면 유동성 문제에 봉착하는 구조적 문제를 안고 있다. 복잡하고 투명하지 않은 투자대상을 다루는 것이어서 이런 금융은 흔히 '그림자 금융'이라 불린다.

18) Cohen, 『악의 번영』, 258~259쪽.

19) Julian Edney, "Greed", *Post-autistic Economics Review*, no.31, 16 May 2005.

20) 가령 탐욕의 냄새가 묻어 있는 '호화사치품'이란 기존의 이름 대신에 '명품'이라고 개명하고 있는 추세에 대해 아무런 이의 제기도 하지 않는 우리의 무관심도 여기에 해당될 것이다.

21) Edney, "Greed."

22) 같은 글.

23) 같은 글. 강조는 인용자.

24) "René Girard와의 대담", *Le point*, 2003.3.14, in http://www.lepoint.fr/edito/document.html?did=127710

25) "인간은 가축이 아니다, 정신의 죽음을 경계한다(김상수 칼럼: 컴퓨터 아티스트 볼프강 키우스와의 대화)", 프레시안 2009.8.16, http://www.pressian.com/article/article.asp?article_num=40090813135234&section=04

26) Dupuy, *Ordres et Désordres*, p.39.

27) 같은 책, 39쪽. 강조는 인용자.

28) '한반도 대운하' '4대강 사업'이 좋은 예일 것이다.

29) 고기와 야채가 뒤섞인 식사를 공동의 몫으로 받았을 때, 육식 선호자와 채식 선호자 사이에 갈등은 없고 단지 화해로운 분배만 일어날 것이다.

30) http://renegirard.wordpress.com/2008/03/19/quest-ce-que-le-totalitarisme/#more-279 Rene Girard Wordpress

31) "우리들은 고작 20퍼센트만 승리하는 게임에 우리들의 행복을 올인 하고 있다는 겁니다. 이런 승률 낮은 게임에 올인 하라는 어른들은 투자의 기본원칙은 알고나 시고 그러는 건가요? 20퍼센트 믿고 자기 행복 다 버리고 올인 하라니", 대한민국의 고2 학생의 하소연. http://retired.textcube.com/category (2013. 3. 3)

32) P.J. Cook and R.H. Frank, *The winner-takes-all society: Why the few at the top get so much more than the rest of us*. New York. Viking Books, 1995, in Edney, "Greed".

33) K. Vleminckx and T.M. Smeeding, (eds.), *Child well-being, child poverty and child policy in modern nations*, Bristol, U.K.: The Policy Press, 2001(available from the University of Toronto Press.), in Edney, "Greed."

34) 김종철, "한미 FTA, 경제성장, 민주주의", 「녹색평론」 2007년 3·4월호.

35) "세계의 23퍼센트 '자본주의 치명적 결함'", 한겨레 2009.11.10.

36) Allain Caillé, "Présentation," in avec Karl Polyanyi, "Contre la société du tout-marchand," *Revue du Mauss*, n.29, premier semestre 2007, "La Découverte, MAUSS."

37) 물론 우리의 모색은 그것의 대중적인 의미에서의 호응도나 실현가능성과 같은 효능성보다는 그런 수장이 담고 있는 시각의 참신성과 창의성을 중시하고 있다.

38) "Pay it forward," January 6, 2008. In Wikipedia, Retrieved 17:52, January 9, 2008, from http://en.wikipedia.org/w/index.php?title=Pay_it_forward&oldid=182504314 (2013. 4. 11)

39) 졸고, "상호성원칙 연구: 르네 지라르를 통한 경제 논리비판 5", 「한국프랑스학논집」 62집(2008), 191~192쪽.

40) 2009년 초에 있었던 연세대학교 인류학과의 '경제인류학 콜로키움'이 좋은 예가 될 수 있을 것이다.

41) "Pay it forward," January 6, 2008.

42) 같은 자료.

43) http://www.payitforwardfoundation.org/

44) Georges Batailles, *La Part maudite*, 조한경 옮김, 『저주의 몫』, 문학동네, 2004, 59~82쪽.

45) 졸고, "일반경제를 향하여", 331~332쪽.

46) 참고: http://www.revuedumauss.com/

47) 1981년 노벨 경제학상 수상자인 예일대학교의 제임스 토빈 교수가 주장해서 토빈세라는 이름이 붙었다. 토빈세의 기본 아이디어는 외환거래에 세금을 부과하게 되면 이에 따른 비용이 높아지기 때문에 투기성 단기거래는 크게 줄어들 수 있다는 것이다. 아시아·중남미 등 개도국이 외환위기를 겪으면서 토빈세 도입에 대한 논의가 활발하게 이뤄지고 있다. 그러나 아탁의 목표는 단순한 국제금융과세에만 머무는 것이 아니다. 이를 달성한다는 것은 곧 다음과 같은 목표로 이어지고 있다. 대표적인 것으로는 "빈국(남부와 동부나라)의 부채 탕감, 유럽을 비롯한 전 지구상에서 일어나고 있는 금융천국과 다국석기업, 의료와 교육을 비롯한 공공서비스 전체의 상품화, 신자유주의라는 유일 사상, 문화의 획일화, 전 지구의 금융시장화 등과 싸우는 것"이다.

48) 베르나르 카생, "세계화 종점은 암울(세계지성대담 ③)", 한겨레, 2000.2.3.

49) 같은 기사.

50) 같은 기사.

51) 이런 차이야말로 프랑스와 우리나라의 대미 의존도에서 재량권의 차이, 혹은 경직된 사고와 유연한 사고의 차이 등으로 볼 수 있을 것이다. 사정이 이러하니 그 해법도 차이가 나는 것은 어쩌면 당연한 것인지도 모른다.

52) "한국은행은 「파생금융상품 거래확대에 따른 영향과 정책당국의 대응」이라는 보고서에서 금융시장이 불안한 상태에서 파생금융상품의 거래가 늘어나면 통화정책의 효율적 수행이 어렵게 될 가능성이 높다고 분석했다. 이와 관련, 한은은 파생금융상품의 안정성을 높이기 위해서는 시장안정을 도모하는 것이 최선이지만 시장에 투기적 거래가 성행할 경우에는 이를 막기 위한 외환거래세를 도입할 필요가 있다고 주장했다." 매일경제 1995.5.17.

53) "우리는 우리나라에서도 '아탁'과 유사한 민간차원의 운동이 있었다는 것을 잊어서는 안 될 것이다. 이 기구의 조직위원장인 김영호 교수가 주창하였던 '대구라운드'가 그것이다. 이 기구는 '핫머니와 단기 악성외채, 적

대적 기업 인수합병 등을 당연시하는 채권국의 일방적 논리에 대응, 국제기구 차원의 규제와 운동'을 전개할 계획이다." 「한국경제」 1997.12.9; 한국일보 1999. 5. 28 참조.

54) 유엔개발계획의 「세계인간적개발보고서」, 1999, http://attac.org/fra/themes/mondialisation.htm

55) 같은 자료.

56) *NovaVita*, March 30, 2013, Patrick Viveret, "Entretien: L'écoligion," RECONSIDÉRER LA RICHESSE, http://novavita.fr/category/girard/

57) Cf. 같은 자료.

58) Edney, "Greed."

제3장 경쟁에서 협력으로

1) Joseph Wax, "Competition: Educational Incingruity," *Phi Delka Kappan*, November 1975, p.197, in Alfie Kohn, *No Contest: The Case Against Competition*, Houghton Mifflin Company, 1992, 이영노 옮김, 『경쟁에 반대한다: 우리는 왜 이기기 위한 경주에 삶을 낭비하는가?』, 산눈, 2009, 194쪽에서 재인용.

2) 같은 책, 80~81쪽.

3) 같은 책, 281쪽.

4) 같은 책, 297쪽.

5) 프레시안 2008.10.1, http://www.pressian.com/article/article.asp?article_num=60081001010700&section=03

6) Kohn, 『경쟁에 반대한다』, 89쪽.

제4장 나가면서

1) "Soyons réalistes, exigeons l'impossible."

2) 진형준, 『공자님의 상상력』, 살림, 2012, 254쪽. 강조는 인용자.

3) Cohen, *Homo Economicus*, p.206.

4) 〈창의융합콘서트〉 2회, '대한민국, 질문을 허락하라: 조벽 교수", http://www.youtube.com/watch?v=uzaGpTempak 2013.4.30

5) René Girard, *Quand ces choses comenceront*, Arléa, 1994, p.100.

6) 정명환, "세계화와 인문학자", 「문학과사회」 59호(2002 가을).

프랑스엔 〈크세주〉, 일본엔 〈이와나미 문고〉,
한국에는 〈살림지식총서〉가 있습니다.

📖 전자책 | 🔍 큰글자 | 🔊 오디오북

001 미국의 좌파와 우파 | 이주영 📖 🔍
002 미국의 정체성 | 김형인 📖 🔍
003 마이너리티의 역사 | 손영호 📖
004 두 얼굴을 가진 하나님 | 김형인 📖
005 MD | 정욱식 📖
006 반미 | 김진웅 📖
007 영화로 보는 미국 | 김성곤 📖 🔍
008 미국 뒤집어보기 | 장석정
009 미국 문화지도 | 장석정
010 미국 메모랜덤 | 최성일
011 위대한 어머니 여신 | 장영란 📖 🔍
012 변신이야기 | 김선자 📖
013 인도신화의 계보 | 류경희 📖 🔍
014 축세인류학 | 류정아 📖
015 오리엔탈리즘의 역사 | 정진농 📖 🔍
016 이슬람 문화 | 이희수 📖 🔍
017 살롱문화 | 서정복 📖
018 추리소설의 세계 | 정규웅 📖
019 애니메이션의 장르와 역사 | 이용배 📖
020 문신의 역사 | 조현설 📖
021 색채의 상징, 색채의 심리 | 박영수 📖 🔍
022 인체의 신비 | 이성주 📖
023 생물학무기 | 배우철 📖
024 이 땅에서 우리말로 철학하기 | 이기상
025 중세는 정말 암흑기였나 | 이경재 📖 🔍
026 미셸 푸코 | 양운덕 📖 🔍
027 포스트 모더니즘에 대한 성찰 | 신승환 📖 🔍
028 조폭의 계보 | 방성수
029 성스러움과 폭력 | 류성민 📖
030 성상 파괴주의와 성상 옹호주의 | 진형준 📖
031 UFO학 | 성시정 📖
032 최면의 세계 | 설기문 📖
033 천문학 탐구자들 | 이면우
034 블랙홀 | 이충환 📖
035 법의학의 세계 | 이윤성 📖 🔍
036 양자 컴퓨터 | 이순칠 📖
037 마피아의 계보 | 안혁 📖 🔍
038 헬레니즘 | 윤진 📖
039 유대인 | 정성호 📖 🔍
040 M. 엘리아데 | 정진홍 📖
041 한국교회의 역사 | 서정민 📖 🔍
042 야훼와 바알 | 김남일 📖
043 캐리커처의 역사 | 박창석
044 한국 액션영화 | 오승욱 📖
045 한국 문예영화 이야기 | 김남석 📖
046 포켓몬 마스터 되기 | 김윤아 📖

047 판타지 | 송태현 📖
048 르 몽드 | 최연구 📖 🔍
049 그리스 사유의 기원 | 김재홍 📖
050 영혼론 입문 | 이정우
051 알베르 카뮈 | 유기환 📖 🔍
052 프란츠 카프카 | 편영수 📖
053 버지니아 울프 | 김희정 📖
054 재즈 | 최규용 📖 🔍
055 뉴에이지 음악 | 양한수 📖
056 중국의 고구려사 왜곡 | 최광식 📖
057 중국의 정체성 | 강준영 📖 🔍
058 중국의 문화 코드 | 강진석
059 중국사상의 뿌리 | 장현근 📖 🔍
060 화교 | 정성호 📖
061 중국인의 금기 | 장범성 🔍
062 무협 | 문현선 📖
063 중국영화 이야기 | 임대근 📖
064 경극 | 송철규 📖
065 중국적 사유의 원형 | 박정근 📖 🔍
066 수도원의 역사 | 최형걸 📖
067 현대 신학 이야기 | 박만 📖
068 요가 | 류경희 📖 🔍
069 성공학의 역사 | 정해윤 📖
070 진정한 프로는 변화가 즐겁다 | 김학선 📖 🔍
071 외국인 직접투자 | 송의달
072 지식의 성장 | 이한구 📖 🔍
073 사랑의 철학 | 이정은 📖
074 유교문화와 여성 | 김미영 📖
075 매체 정보란 무엇인가 | 구연상 📖
076 피에르 부르디외와 한국사회 | 홍성민 📖
077 21세기 한국의 문화혁명 | 이정덕 📖
078 사건으로 보는 한국의 정치변동 | 양길현 📖 🔍
079 미국을 만든 사상들 | 정경희 📖 🔍
080 한반도 시나리오 | 정욱식 📖 🔍
081 미국인의 발견 | 우수근 📖
082 미국의 거장들 | 김홍국 📖
083 법으로 보는 미국 | 채동배
084 미국 여성사 | 이창신 📖
085 책과 세계 | 강유원 📖
086 유럽왕실의 탄생 | 김현수 📖
087 박물관의 탄생 | 전진성 📖
088 절대왕정의 탄생 | 임승휘 📖 🔍
089 커피 이야기 | 김성윤 📖 🔍
090 축구의 문화사 | 이은호
091 세기의 사랑 이야기 | 안재필 📖 🔍
092 반연극의 계보와 미학 | 임준서 📖

093 한국의 연출가들 | 김남석 🔳
094 동아시아의 공연예술 | 서연호 🔳
095 사이코드라마 | 김정일
096 철학으로 보는 문화 | 신응철 🔳 🔍
097 장 폴 사르트르 | 변광배
098 프랑스 문화의 상상력 | 박기현 🔳
099 아브라함의 종교 | 공일주 🔳
100 여행 이야기 | 이진홍 🔳 🔍
101 아테네 | 장영란 🔍
102 로마 | 한형곤 🔳
103 이스탄불 | 이희수 🔳
104 예루살렘 | 최창모 🔳
105 상트 페테르부르크 | 방일권 🔳
106 하이델베르크 | 곽병휴 🔳
107 파리 | 김복래 🔳
108 바르샤바 | 최건영 🔳
109 부에노스아이레스 | 고부안 🔳
110 멕시코 시티 | 정혜주 🔳
111 나이로비 | 양철준 🔳
112 고대 올림픽의 세계 | 김복희 🔳
113 종교와 스포츠 | 이창익 🔳
114 그리스 미술 이야기 | 노성두 🔳
115 그리스 문명 | 최혜영 🔳
116 그리스와 로마 | 김덕수 🔳 🔍
117 알렉산드로스 | 조현미 🔳
118 고대 그리스의 시인들 | 김헌 🔳
119 올림픽의 숨은 이야기 | 장원재 🔳
120 장르 만화의 세계 | 박인하 🔳
121 성공의 길은 내 안에 있다 | 이숙영 🔳 🔍
122 모든 것을 고객중심으로 바꿔라 | 안상헌 🔳
123 중세와 토마스 아퀴나스 | 박경숙 🔳 🔍
124 우주 개발의 숨은 이야기 | 정홍철 🔳
125 나노 | 이영희 🔳
126 초끈이론 | 박재모 · 현승준 🔳
127 안토니 가우디 | 손세관 🔳 🔍
128 프랭크 로이드 라이트 | 서수경 🔳
129 프랭크 게리 | 이일형
130 리처드 마이어 | 이성훈 🔳
131 안도 다다오 | 임채진 🔳
132 색의 유혹 | 오수연 🔳
133 고객을 사로잡는 디자인 혁신 | 신언모
134 양주 이야기 | 김준철 🔳 🔍
135 주역과 운명 | 심의용 🔳 🔍
136 학계의 금기를 찾아서 | 강성민 🔳 🔍
137 미 · 중 · 일 새로운 패권전략 | 우수근 🔳 🔍
138 세계지도의 역사와 한반도의 발견 | 김상근 🔳 🔍
139 신용하 교수의 독도 이야기 | 신용하 🔳
140 간도는 누구의 땅인가 | 이성환 🔳
141 말리노프스키의 문화인류학 | 김용환 🔳
142 크리스마스 | 이영제
143 바로크 | 신정아 🔳
144 페르시아 문화 | 신규섭 🔳
145 패션과 명품 | 이재진 🔳
146 프랑켄슈타인 | 장정희 🔳

147 뱀파이어 연대기 | 한혜원 🔳 🔊
148 위대한 힙합 아티스트 | 김정훈 🔳
149 살사 | 최명호
150 모던 걸, 여우 목도리를 버려라 | 김주리 🔳
151 누가 하이카라 여성을 데리고 사누 | 김미지 🔳
152 스위트 홈의 기원 | 백지혜 🔳
153 대중적 감수성의 탄생 | 강심호 🔳
154 에로 그로 넌센스 | 소래섭 🔳
155 소리가 만들어낸 근대의 풍경 | 이승원 🔳
156 서울은 어떻게 계획되었는가 | 염복규 🔳 🔍
157 부엌의 문화사 | 함한희 🔳
158 칸트 | 최인숙 🔳
159 사람은 왜 인정받고 싶어하나 | 이정은 🔳 🔍
160 지중해학 | 박상진 🔳
161 동북아시아 비핵지대 | 이삼성 외
162 서양 배우의 역사 | 김정수
163 20세기의 위대한 연극인들 | 김미혜 🔳
164 영화음악 | 박신영 🔳
165 한국독립영화 | 김수남 🔳
166 영화와 샤머니즘 | 이종승 🔳
167 영화로 보는 불륜의 사회학 | 황혜진 🔳
168 J.D. 샐린저와 호밀밭의 파수꾼 | 김성곤 🔳
169 허브 이야기 | 조태동 · 송진희 🔳 🔍
170 프로레슬링 | 성민수 🔳
171 프랑크푸르트 | 이기식 🔳
172 바그다드 | 이동은 🔳
173 아테네인, 스파르타인 | 윤진 🔳
174 정치의 원형을 찾아서 | 최자영 🔳
175 소르본 대학 | 서정복 🔳
176 테마로 보는 서양미술 | 권용준 🔳 🔍
177 칼 마르크스 | 박영균
178 허버트 마르쿠제 | 손철성 🔳
179 안토니오 그람시 | 김현우 🔳
180 안토니오 네그리 | 윤수종 🔳
181 박이문의 문학과 철학 이야기 | 박이문 🔳 🔍
182 상상력과 가스통 바슐라르 | 홍명희 🔳
183 인간복제의 시대가 온다 | 김홍재
184 수소 혁명의 시대 | 김미선 🔳
185 로봇 이야기 | 김문상 🔳
186 일본의 정체성 | 김필동 🔳 🔍
187 일본의 서양문화 수용사 | 정하미 🔳 🔍
188 번역과 일본의 근대 | 최경옥 🔳
189 전쟁국가 일본 | 이성환 🔳
190 한국과 일본 | 하우봉 🔳 🔍
191 일본 누드 문화사 | 최유경 🔳
192 주신구라 | 이준섭 🔳
193 일본의 신사 | 박규태 🔳
194 미야자키 하야오 | 김윤아 🔳 🔊
195 애니메이션으로 보는 일본 | 박규태 🔳
196 디지털 에듀테인먼트 스토리텔링 | 강심호 🔳
197 디지털 애니메이션 스토리텔링 | 배주영 🔳
198 디지털 게임의 미학 | 전경란 🔳
199 디지털 게임 스토리텔링 | 한혜원 🔳
200 한국형 디지털 스토리텔링 | 이인화 🔳

201 디지털 게임, 상상력의 새로운 영토 | 이정엽 🔊
202 프로이트와 종교 | 권수영 📖
203 영화로 보는 태평양전쟁 | 이동훈 📖
204 소리의 문화사 | 김토일 📖
205 극장의 역사 | 임종엽 📖
206 뮤지엄건축 | 서상우 📖
207 한옥 | 박명덕 📖🔍
208 한국만화사 산책 | 손상익
209 만화 속 백수 이야기 | 김성훈
210 코믹스 만화의 세계 | 박석환 📖
211 북한만화의 이해 | 김성훈 · 박소현
212 북한 애니메이션 | 이대연 · 김경임
213 만화로 보는 미국 | 김기홍
214 미생물의 세계 | 이재열 📖
215 빛과 색 | 변종철 📖
216 인공위성 | 장영근 📖
217 문화콘텐츠란 무엇인가 | 최연구 📖🔍
218 고대 근동의 신화와 종교 | 강성열 📖
219 신비주의 | 금인숙 📖
220 십자군, 성전과 약탈의 역사 | 진원숙
221 종교개혁 이야기 | 이성덕 📖
222 자살 | 이진홍 📖
223 성, 그 억압과 진보의 역사 | 윤가현 📖🔍
224 아파트의 문화사 | 박철수 📖
225 권오길 교수가 들려주는 생물의 섹스 이야기 | 권오길 📖
226 동물행동학 | 임신재 📖
227 한국 축구 발전사 | 김성원 📖
228 월드컵의 위대한 전설들 | 서준형
229 월드컵의 강국들 | 심재희
230 스포츠 마케팅의 세계 | 박찬혁
231 일본의 이중권력, 쇼군과 천황 | 다카시로 고이치
232 일본의 사소설 | 안영희
233 글로벌 매너 | 박한표 📖
234 성공하는 중국 진출 가이드북 | 우수근
235 20대의 정체성 | 정성호 📖
236 중년의 사회학 | 정성호 📖🔍
237 인권 | 차병직 📖
238 헌법재판 이야기 | 오호택 📖
239 프라하 | 김규진 📖
240 부다페스트 | 김성진 📖
241 보스턴 | 황선희 📖
242 돈황 | 전인초 📖
243 보들레르 | 이건수 📖
244 돈 후안 | 정동섭 📖
245 사르트르 참여문학론 | 변광배 📖
246 문체론 | 이종오 📖
247 올더스 헉슬리 | 김효원 📖
248 탈식민주의에 대한 성찰 | 박종성 📖
249 서양 무기의 역사 | 이내주 📖
250 백화점의 문화사 | 김인호 📖
251 초콜릿 이야기 | 정한진 📖
252 향신료 이야기 | 정한진 📖
253 프랑스 미식 기행 | 심순철
254 음식 이야기 | 윤진아 📖🔍

255 비틀스 | 고영탁 📖
256 현대사와 불교 | 오세영 📖
257 불교의 선악론 | 안옥선 🔍
258 질병의 사회사 | 신규환 📖🔍
259 와인의 문화사 | 고형욱 📖🔍
260 와인, 어떻게 즐길까 | 김준철 📖🔍
261 노블레스 오블리주 | 예종석 📖🔍
262 미국인의 탄생 | 김진웅 📖
263 기독교의 교파 | 남병두 📖🔍
264 플로티노스 | 조규홍 📖
265 아우구스티누스 | 박경숙 📖
266 안셀무스 | 김영철 📖
267 중국 종교의 역사 | 박종우 📖
268 인도의 신화와 종교 | 정광흠
269 이라크의 역사 | 공일주 📖
270 르 코르뷔지에 | 이관석 📖
271 김수영, 혹은 시적 양심 | 이은정 📖🔍🔊
272 의학사상사 | 여인석 📖
273 서양의학의 역사 | 이재담 📖🔍
274 몸의 역사 | 강신익 📖🔍
275 인류를 구한 항균제들 | 예병일 📖
276 전쟁의 판도를 바꾼 전염병 | 예병일 📖
277 사상의학 바로 알기 | 장동민 📖🔍
278 조선의 명의들 | 김호 📖
279 한국인의 관계심리학 | 권수영 📖
280 모건의 가족 인류학 | 김용환
281 예수가 상상한 그리스도 | 김호경 📖
282 사르트르와 보부아르의 계약결혼 | 변광배 📖🔍
283 초기 기독교 이야기 | 진원숙 📖
284 동유럽의 민족 분쟁 | 김철민 📖
285 비잔틴제국 | 진원숙 📖
286 오스만제국 | 진원숙 📖
287 별을 보는 사람들 | 조상호
288 한미 FTA 후 직업의 미래 | 김준성 📖
289 구조주의와 그 이후 | 김종우 📖
290 아도르노 | 이종하 📖
291 프랑스 혁명 | 서정복 📖
292 메이지유신 | 장인성 📖🔍
293 문화대혁명 | 백승욱 📖🔍
294 기생 이야기 | 신현규 📖
295 에베레스트 | 김법모 📖
296 빈 | 인성기 📖
297 발트3국 | 서진석 📖
298 아일랜드 | 한일동 📖
299 이케다 하야토 | 권혁기 📖
300 박정희 | 김성진 📖🔊
301 리콴유 | 김성진 📖
302 덩샤오핑 | 박형기 📖
303 마거릿 대처 | 박동운 📖🔊
304 로널드 레이건 | 김형곤 📖🔊
305 셰이크 모하메드 | 최진영 📖
306 유엔사무총장 | 김정태 📖
307 농구의 탄생 | 손대범 📖
308 홍차 이야기 | 정은희 📖🔍

309 인도 불교사 | 김미숙 📖
310 아힌사 | 이정호
311 인도의 경전들 | 이재숙 📖
312 글로벌 리더 | 백형찬 📖 🔎
313 탱고 | 배수경 📖
314 미술경매 이야기 | 이규현 📖
315 달마 그 제자들 | 우봉규 📖 🔎
316 화두와 참선 | 김호귀 📖
317 대학의 역사 | 이광주 📖 🔎
318 이슬람의 탄생 | 진원숙 📖
319 DNA분석과 과학수사 | 박기원 📖
320 대통령의 탄생 | 조지형 📖
321 대통령의 퇴임 이후 | 김형
322 미국의 대통령 선거 | 윤용희 📖
323 프랑스 대통령 이야기 | 최연구 📖
324 실용주의 | 이유선 📖
325 맥주의 세계 | 원융희 📖 🔊
326 SF의 법칙 | 고장원
327 원효 | 김원명 📖
328 베이징 | 조창완 📖
329 상하이 | 김윤희 📖
330 홍콩 | 유영하 📖
331 중화경제의 리더들 | 박형기 📖 🔎
332 중국의 엘리트 | 주장환 📖
333 중국의 소수민족 | 정재남
334 중국을 이해하는 9가지 관점 | 우수근 📖 🔎 🔊
335 고대 페르시아의 역사 | 유흥태 📖
336 이란의 역사 | 유흥태 📖
337 에스파한 | 유흥태 📖
338 번역이란 무엇인가 | 이향 📖
339 해체론 | 조규형 📖
340 자크 라캉 | 김용수 📖
341 하지홍 교수의 개 이야기 | 하지홍 📖
342 다방과 카페, 모던보이의 아지트 | 장유정 📖
343 역사 속의 채식인 | 이광조 📖 🔎
344 보수와 진보의 정신분석 | 김용신 📖 🔎
345 저작권 | 김기태 📖
346 왜 그 음식은 먹지 않을까 | 정한진 📖 🔎 🔊
347 플라멩코 | 최명호
348 월트 디즈니 | 김지영 📖
349 빌 게이츠 | 김익현 📖
350 스티브 잡스 | 김상훈 📖 🔎
351 잭 웰치 | 하정필 📖
352 워렌 버핏 | 이민주
353 조지 소로스 | 김성진 📖
354 마쓰시타 고노스케 | 권혁기 📖 🔎
355 도요타 | 이우광 📖
356 기술의 역사 | 송성수 📖
357 미국의 총기 문화 | 손영호 📖
358 표트르 대제 | 박지배 📖
359 조지 워싱턴 | 김형곤 📖
360 나폴레옹 | 서정복 📖 🔊
361 비스마르크 | 김장수 📖
362 모택동 | 김승일 📖

363 러시아의 정체성 | 기연수 📖
364 너는 사방 위험한 로봇이다 | 오은 📖
365 발레리나를 꿈꾼 로봇 | 김선혁 📖
366 로봇 선생님 가라사대 | 안동근 📖
367 로봇 디자인의 숨겨진 규칙 | 구신애 📖
368 로봇을 향한 열정, 일본 애니메이션 | 안병욱 📖
369 도스토예프스키 | 박영은 📖 🔊
370 플라톤의 교육 | 장영란 📖
371 대공황 시대 | 양동휴 📖
372 미래를 예측하는 힘 | 최연구 📖 🔎
373 꼭 알아야 하는 미래 질병 10가지 | 우정헌 📖 🔎 🔊
374 과학기술의 개척자들 | 송성수 📖
375 레이첼 카슨과 침묵의 봄 | 김재호 📖 🔎
376 좋은 문장 나쁜 문장 | 송준호 📖 🔎
377 바울 | 김호경 📖
378 테킬라 이야기 | 최명호 📖
379 어떻게 일본 과학은 노벨상을 탔는가 | 김범성 📖 🔎
380 기후변화 이야기 | 이유진 📖 🔎
381 상송 | 전금주
382 이슬람 예술 | 전완경 📖
383 페르시아의 종교 | 유흥태
384 삼위일체론 | 유해무 📖
385 이슬람 율법 | 공일주 📖
386 금강경 | 곽철환 🔎
387 루이스 칸 | 김낙중 · 정태용 📖
388 톰 웨이츠 | 신주현 📖
389 위대한 여성 과학자들 | 송성수 📖
390 법원 이야기 | 오호택 📖
391 명예훼손이란 무엇인가 | 안상운 📖 🔎
392 사법권의 독립 | 조지형 📖
393 피해자학 강의 | 장규원 📖
394 정보공개란 무엇인가 | 안상운 📖
395 적정기술이란 무엇인가 | 김정태 · 홍성욱 📖
396 치명적인 금융위기, 왜 유독 대한민국인가 | 오형규 📖 🔎
397 지방자치단체, 돈이 새고 있다 | 최인욱 📖
398 스마트 위험사회가 온다 | 민경식 📖 🔎
399 한반도 대재난, 대책은 있는가 | 이정직 📖
400 불안사회 대한민국, 복지가 해답인가 | 신광영 📖 🔎
401 21세기 대한민국 대외전략 | 김기수 📖
402 보이지 않는 위협, 종북주의 | 류현수 📖
403 우리 헌법 이야기 | 오호택 📖
404 핵심 중국어 간체자(簡体字) | 김현정 🔎
405 문화생활과 문화주택 | 김용범 📖
406 미래주거의 대안 | 김세용 · 이재준
407 개방과 폐쇄의 딜레마, 북한의 이중적 경제 | 남성욱·정유석 📖
408 연극과 영화를 통해 본 북한 사회 | 민병욱 📖
409 먹기 위한 개방, 살기 위한 핵외교 | 김계동 📖
410 북한 정권 붕괴 가능성과 대비 | 전경주 📖
411 북한을 움직이는 힘, 군부의 패권경쟁 | 이영훈 📖
412 인민의 천국에서 벌어지는 인권유린 | 허만호 📖
413 성공으로 이끄는 마케팅 법칙 | 추성엽 📖
414 커피로 알아보는 마케팅 베이직 | 김민주 📖
415 쓰나미의 과학 | 이호준 📖
416 20세기를 빛낸 극작가 20인 | 백승무 📖

417 20세기의 위대한 지휘자 | 김문경
418 20세기의 위대한 피아니스트 | 노태헌
419 뮤지컬의 이해 | 이동섭
420 위대한 도서관 건축 순례 | 최정태
421 아름다운 도서관 오디세이 | 최정태
422 롤링 스톤즈 | 김기범
423 서양 건축과 실내 디자인의 역사 | 천진희
424 서양 가구의 역사 | 공혜원
425 비주얼 머천다이징&디스플레이 디자인 | 강희수
426 호감의 법칙 | 김경호
427 시대의 지성, 노암 촘스키 | 임기대
428 역사로 본 중국음식 | 신계숙
429 일본요리의 역사 | 박병학
430 한국의 음식문화 | 도현신
431 프랑스 음식문화 | 민혜련
432 중국차 이야기 | 조은아
433 디저트 이야기 | 안호기
434 치즈 이야기 | 박승용
435 면(麵) 이야기 | 김한송
436 막걸리 이야기 | 정은숙
437 알렉산드리아 비블리오테카 | 남태우
438 개헌 이야기 | 오호택
439 전통 명품의 보고, 규장각 | 신병주
440 에로스의 예술, 발레 | 이주영
441 소크라테스를 알라 | 장영란
442 소프트웨어가 세상을 지배한다 | 김재호
443 국제난민 이야기 | 김철민
444 셰익스피어 그리고 인간 | 김도윤
445 명상이 경쟁력이다 | 김필수
446 갈매나무의 시인 백석 | 이숭원
447 브랜드를 알면 자동차가 보인다 | 김흥식
448 파이온에서 힉스 입자까지 | 이강영
449 알고 쓰는 화장품 | 구희연
450 희망이 된 인문학 | 김호연
451 한국 예술의 큰 별 동랑 유치진 | 백형찬
452 경허와 그 제자들 | 우봉규
453 논어 | 윤홍식
454 장자 | 이기동
455 맹자 | 장현근
456 관자 | 신창호
457 순자 | 윤무학
458 미사일 이야기 | 박준복
459 사주(四柱) 이야기 | 이지형
460 영화로 보는 로큰롤 | 김기범
461 비타민 이야기 | 김정환
462 장군 이순신 | 도현신
463 전쟁의 심리학 | 이윤규
464 미국의 장군들 | 여영무
465 첨단무기의 세계 | 양낙규
466 한국무기의 역사 | 이내주
467 노자 | 임헌규
468 한비자 | 윤찬원
469 묵자 | 박문현
470 나는 누구인가 | 김용신
471 논리적 글쓰기 | 여세주
472 디지털 시대의 글쓰기 | 이강룡
473 NLL을 말하다 | 이상철
474 뇌의 비밀 | 서유헌
475 버트런드 러셀 | 박병철
476 에드문트 후설 | 박인철
477 공간 해석의 지혜, 풍수 | 이지형
478 이야기 동양철학사 | 강성률
479 이야기 서양철학사 | 강성률
480 독일 예몽주의의 유학적 기초 | 전홍석
481 우리말 한자 바로쓰기 | 안광희
482 유머의 기술 | 이상훈
483 관상 | 이태룡
484 가상학 | 이태룡
485 역경 | 이태룡
486 대한민국 대통령들의 한국경제 이야기 1 | 이장규
487 대한민국 대통령들의 한국경제 이야기 2 | 이장규
488 별자리 이야기 | 이형철 외
489 셜록 홈즈 | 김재성
490 역사를 움직인 중국 여성들 | 이양자
491 중국 고전 이야기 | 문승용
492 발효 이야기 | 이미란
493 이승만 평전 | 이주영
494 미군정시대 이야기 | 차상철
495 한국전쟁사 | 이희진
496 정전협정 | 조성훈
497 북한 대남 침투도발사 | 이윤규
498 수상 | 이태룡
499 성명학 | 이태룡
500 결혼 | 남정욱
501 광고로 보는 근대문화사 | 김병희
502 시조의 이해 | 임형선
503 일본인은 왜 속마음을 말하지 않을까 | 임영철
504 내 사랑 아다지오 | 양태조
505 수프림 오페라 | 김도윤
506 바그너의 이해 | 서정원
507 원자력 이야기 | 이정익
508 이스라엘과 창조경제 | 정성호
509 한국 사회 빈부의식은 어떻게 변했는가 | 김용신
510 요하문명과 한반도 | 우실하
511 고조선왕조실록 | 이희
512 고구려조선왕조실록 1 | 이희진
513 고구려조선왕조실록 2 | 이희진
514 백제왕조실록 1 | 이희진
515 백제왕조실록 2 | 이희진
516 신라왕조실록 1 | 이희진
517 신라왕조실록 2 | 이희진
518 신라왕조실록 3 | 이희진
519 가야왕조실록 | 이희진
520 발해왕조실록 | 구난희
521 고려왕조실록 1 (근간)
522 고려왕조실록 2 (근간)
523 조선왕조실록 1 | 이성무
524 조선왕조실록 2 | 이성무

525 조선왕조실록 3 | 이성무 ▣
526 조선왕조실록 4 | 이성무 ▣
527 조선왕조실록 5 | 이성무 ▣
528 조선왕조실록 6 | 편집부 ▣
529 정한론 | 이기용 ▣
530 청일전쟁 (근간)
531 러일전쟁 (근간)
532 이슬람 전쟁사 | 진원숙 ▣
533 소주이야기 | 이지형 ▣
534 북한 남침 이후 3일간, 이승만 대통령의 행적 | 남정옥 ▣
535 제주 신화 1 | 이석범
536 제주 신화 2 | 이석범
537 제주 전설 1 | 이석범
538 제주 전설 2 | 이석범
539 제주 전설 3 | 이석범
540 제주 전설 4 | 이석범
541 제주 전설 5 | 이석범
542 제주 민담 | 이석범
543 서양의 명장 | 박기련 ▣
544 동양의 명장 | 박기련 ▣
545 루소, 교육을 말하다 | 고봉만 · 황성원 ▣
546 철학으로 본 앙트러프러너십 | 전인수 ▣
547 예술과 앙트러프러너십 | 조명계 ▣
548 문화마케팅 (근간)
549 비즈니스상상력 | 전인수
550 개념설계의 시대 | 전인수 ▣
551 미국 독립전쟁 | 김형곤 ▣
552 미국 남북전쟁 | 김형곤 ▣
553 초기불교 이야기 | 곽철환 ▣
554 한국가톨릭의 역사 | 서정민 ▣
555 시아 이슬람 | 유흥태 ▣
556 스토리텔링에서 스토리두잉으로 | 윤주 ▣
557 백세시대의 지혜 | 신현동 ▣
558 구보 씨가 살아온 한국 사회 | 김병희 ▣
559 정부광고로 보는 일상생활사 | 김병희
560 정부광고의 국민계몽 캠페인 | 김병희
561 도시재생이야기 | 윤주 ▣ 🔍
562 한국의 핵무장 | 김재엽 ▣
563 고구려 비문의 비밀 | 정호섭 ▣
564 비슷하면서도 다른 한중문화 | 장범성
565 급변하는 현대 중국의 일상 | 장시,리우린,장범성
566 중국의 한국 유학생들 | 왕링윈, 장범성
567 밥 딜런 그의 나라에는 누가 사는가 | 오민석
568 언론으로 본 정부 정책의 변천 | 김병희
569 전통과 보수의 나라 영국 1–영국 역사 | 한일동
570 전통과 보수의 나라 영국 2–영국 문화 | 한일동
571 전통과 보수의 나라 영국 3–영국 현대 | 김언조
572 제1차 세계대전 | 윤형호
573 제2차 세계대전 | 윤형호
574 라벨로 보는 프랑스 포도주의 이해 | 전경준
575 미셸 푸코, 말과 사물 | 이규현
576 프로이트, 꿈의 해석 | 김석
577 왜 5왕 | 홍성화
578 소가씨 4대 | 나행주
579 미나모토노 요리토모 | 남기학
580 도요토미 히데요시 | 이계황
581 요시다 쇼인 | 이희복
582 시부사와 에이이치 | 양의모
583 이토 히로부미 | 방광석
584 메이지 천황 | 박진우
585 하라 다카시 | 김영숙
586 히라쓰카 라이초 | 정애영
587 고노에 후미마로 | 김봉식
588 모방이론으로 본 시장경제 | 김진식
589 보들레르의 풍자적 현대문명 비판 | 이건수

모방이론으로 본 시장경제

펴낸날	**초판 1쇄** 2020년 3월 16일

지은이	**김진식**
펴낸이	**심만수**
펴낸곳	**(주)살림출판사**
출판등록	1989년 11월 1일 제9-210호

주소	경기도 파주시 광인사길 30
전화	031-955-1350 팩스 031-624-1356
홈페이지	http://www.sallimbooks.com
이메일	book@sallimbooks.com

ISBN	978-89-522-4185-6 04080
	978-89-522-0096-9 04080 (세트)

※ 값은 뒤표지에 있습니다.
※ 잘못 만들어진 책은 구입하신 서점에서 바꾸어 드립니다.

이 도서의 국립중앙도서관 출판시도서목록(CIP)은 서지정보유통지원시스템 홈페이지
(http://seoji.nl.go.kr)와 국가자료공동목록시스템(http://www.nl.go.kr/kolisnet)에서
이용하실 수 있습니다.(CIP제어번호: CIP2020009361)

책임편집·교정교열 **김세중 최정원**

089 커피 이야기 `eBook`

김성윤(조선일보 기자)

커피는 일상을 영위하는 데 꼭 필요한 현대인의 생필품이 되어 버렸다. 중독성 있는 향, 마실수록 감미로운 쓴맛, 각성효과, 마음의 평화까지 제공하는 커피. 이 책에서 저자는 커피의 발견에 얽힌 이야기를 통해 그 기원을 설명한다. 커피의 문화사뿐만 아니라 커피에 대한 일반적인 정보 및 오해에 대해서도 쉽고 재미있게 소개한다.

021 색채의 상징, 색채의 심리

박영수(테마역사문화연구원 원장)

색채의 상징을 과학적으로 설명한 책. 색채의 이면에 숨어 있는 과학적 원리를 깨우쳐 주고 색채가 인간의 심리에 어떤 작용을 하는지를 여러 가지 분야의 사례를 통해 설명한다. 저자는 색에는 나름대로의 독특한 상징이 숨어 있으며, 성격에 따라 선호하는 색채도 다르다고 말한다.

001 미국의 좌파와 우파 `eBook`

이주영(건국대 사학과 명예교수)

진보와 보수 세력의 변천사를 통해 미국의 정치와 사회 그리고 문화가 어떻게 형성되고 변해왔는지를 추적한 책. 건국 초기의 자유방임주의가 경제위기의 상황에서 진보-좌파 세력의 득세로 이어진 과정, 민주당과 공화당의 대립과 갈등, '제2의 미국혁명'으로 일컬어지는 극우파의 성장 배경 등이 자연스럽게 서술된다.

002 미국의 정체성 10가지 코드로 미국을 말하다 `eBook`

김형인(한국외대 연구교수)

개인주의, 자유의 예찬, 평등주의, 법치주의, 다문화주의, 청교도 정신, 개척 정신, 실용주의, 과학·기술에 대한 신뢰, 미래지향성과 직설적 표현 등 10가지 코드를 통해 미국인의 정체성과 신념을 추적한 책. 미국인의 가치관과 정신이 어떠한 과정을 통해서 형성되고 변천되어 왔는지를 보여 준다.

058 중국의 문화코드

강진석(한국외대 연구교수)

중국의 핵심적인 문화코드를 통해 중국인의 과거와 현재, 문명의 형성 배경과 다양한 문화 양상을 조명한 책. 이 책은 중국인의 대표적인 기질이 어떠한 역사적 맥락에서 형성되었는지 주목한다. 또한, 구체적이고 실제적인 여러 사물과 사례를 중심으로 중국인의 사유방식에 대해 설명해 주고 있다.

057 중국의 정체성　　　　eBook

강준영(한국외대 중국어과 교수)

중국, 중국인을 우리는 과연 어떻게 이해해야 하나? 우리 겨레의 역사와 직 · 간접적으로 끊임없이 영향을 주고받은 중국, 그러면서도 아직까지 그들의 속내를 자신 있게 말할 수 없는, 한편으로는 신비스럽고, 한편으로는 종잡을 수 없는 중국인에 대한 정체성을 명쾌하게 정리한 책.

015 오리엔탈리즘의 역사　　　　eBook

정진농(부산대 영문과 교수)

동양인에 대한 서양인의 오만한 사고와 의식에 준엄한 항의를 했던 에드워드 사이드의 오리엔탈리즘. 이 책은 에드워드 사이드의 이론 해설에 머무르지 않고 진정한 오리엔탈리즘의 출발점과 그 과정, 그리고 현재와 미래의 조망까지 아우른다. 또한 오리엔탈리즘이 사이드가 발굴해 낸 새로운 개념이 결코 아님을 역설한다.

186 일본의 정체성　　　　eBook

김필동(세명대 일어일문학과 교수)

일본인의 의식세계와 오늘의 일본을 만든 정신과 문화 등을 소개한 책. 일본인을 지배하는 이데올로기는 무엇이고 어떤 특징을 가지는지, 일본을 주목해야 하는 이유는 무엇인지 등이 서술된다. 일본인 행동양식의 특징과 토착적인 사상, 일본사회의 문화적 전통의 실체에 대한 분석을 통해 일본의 정체성을 체계적으로 살펴보고 있다.

261 노블레스 오블리주 세상을 비추는 기부의 역사

예종석(한양대 경영학과 교수)

프랑스어로 '높은 사회적 신분에 상응하는 도덕적 의무'를 뜻하는 노블레스 오블리주. 고대 그리스부터 현대까지 이어지고 있는 노블레스 오블리주의 역사 및 미국과 우리나라의 기부 문화를 살펴보고, 새로운 시대정신으로 노블레스 오블리주를 부활시킬 수 있는 가능성을 모색해 본다.

396 치명적인 금융위기, 왜 유독 대한민국인가 eBook

오형규(한국경제신문 논설위원)

이 책은 전 세계적인 금융 리스크의 증가 현상을 살펴보는 동시에 유달리 위기에 취약한 대한민국 경제의 문제를 진단한다. 금융안전망 구축 방안과 같은 실용적인 경제정책에서부터 개개인이 기억해야 할 대비법까지 제시해 주는 이 책을 통해 현대사회의 뉴노멀이 되어 버린 금융위기에서 살아남는 방법을 확인해 보자.

400 불안사회 대한민국, 복지가 해답인가 eBook

신광영 (중앙대 사회학과 교수)

대한민국 사회의 미래를 위해서 복지는 선택이 아니라 필수라고 말하는 책. 이를 위해 경제 위기, 사회해체, 저출산 고령화, 공동체 붕괴 등 불안사회 대한민국이 안고 있는 수많은 리스크를 진단한다. 저자는 사회적 위험에 대응하기 위한 복지 제도야말로 국민 모두의 삶의 질을 높일 수 있는 길이라는 것을 역설한다.

380 기후변화 이야기 eBook

이유진(녹색연합 기후에너지 정책위원)

이 책은 기후변화라는 위기의 시대를 살면서 우리가 알아야 할 기본지식을 소개한다. 저자는 기후변화와 관련된 핵심 쟁점들을 모두 정리하는 동시에 우리가 행동해야 할 실천적인 대안을 제시한다. 이를 통해 독자들은 기후변화 시대를 사는 우리가 무엇을 해야 할 것인지에 대하여 생각해 볼 수 있을 것이다.

사회 · 문화

eBook 표시가 되어있는 도서는 전자책으로 구매가 가능합니다.

001 미국의 죄와 우파 | 이주영
002 미국의 정체성 | 김형인 eBook
003 마이너리티 역사 | 손영호
004 두 얼굴을 가진 하나님 | 김형인
005 MD | 정욱식 eBook
006 반미 | 김진웅
007 영화로 보는 미국 | 김성곤 eBook
008 미국 뒤집어보기 | 장석정
009 미국 문화지도 | 장석정
010 미국 메모랜덤 | 최성일
015 오리엔탈리즘의 역사 | 정진농 eBook
021 색채의 상징, 색채의 심리 | 박영수
028 조폭의 계보 | 방성수
037 마피아의 계보 | 안혁
039 유대인 | 정성호 eBook
048 르 몽드 | 최연구 eBook
057 중국의 정체성 | 강준영 eBook
058 중국의 문화코드 | 강진석
060 화교 | 정성호 eBook
061 중국인의 금기 | 장범성
077 21세기 한국의 문화혁명 | 이정덕 eBook
078 사건으로 보는 한국의 정치변동 | 양길현 eBook
079 미국을 만든 사상들 | 정경희 eBook
080 한반도 시나리오 | 정욱식 eBook
081 미국인의 발견 | 우수근
083 법으로 보는 미국 | 채동배
084 미국 여성사 | 이창신 eBook
089 커피 이야기 | 김성윤 eBook
090 축구의 문화사 | 이은호
098 프랑스 문화와 상상력 | 박기현 eBook
119 올림픽의 숨은 이야기 | 장원재
136 학계의 금기를 찾아서 | 강성민 eBook
137 미·중·일 새로운 패권전략 | 우수근
142 크리스마스 | 이영제
160 지중해학 | 박상진
161 동북아시아 비핵지대 | 이삼성 외
186 일본의 정체성 | 김필동 eBook
190 한국과 일본 | 하우봉 eBook
217 문화콘텐츠란 무엇인가 | 최연구 eBook
222 자살 | 이진홍 eBook
223 성, 억압과 진보의 역사 | 윤가현 eBook
224 아파트의 문화사 | 박철수 eBook
227 한국 축구 발전사 | 김성원 eBook
228 월드컵의 위대한 전설들 | 서준형
229 월드컵의 강국들 | 심재희

231 일본의 이중권력 쇼군과 천황 | 다카시로 고이치
235 20대의 정체성 | 정성호 eBook
236 중년의 사회학 | 정성호 eBook
237 인권 | 차병직 eBook
238 헌법재판 이야기 | 오호택 eBook
248 탈식민주의에 대한 성찰 | 박종성 eBook
261 노블레스 오블리주 | 예종석
262 미국인의 탄생 | 김진웅
279 한국인의 관계심리학 | 권수영
282 사르트르와 보부아르의 계약결혼 | 변광배
284 동유럽의 민족 분쟁 | 김철민
288 한미 FTA 후 직업의 미래 | 김준성 eBook
299 이케다 하야토 | 권혁기 eBook
300 박정희 | 김성진 eBook
301 리콴유 | 김성진 eBook
302 덩샤오핑 | 박형기 eBook
303 마거릿 대처 | 박동운 eBook
304 로널드 레이건 | 김형곤 eBook
305 셰이크 모하메드 | 최진영
306 유엔사무총장 | 김정태 eBook
312 글로벌 리더 | 백형찬
320 대통령의 탄생 | 조지형
321 대통령의 퇴임 이후 | 김형곤
322 미국의 대통령 선거 | 윤용희
323 프랑스 대통령 이야기 | 최연구
328 베이징 | 조창완
329 상하이 | 김윤희
330 홍콩 | 유영하
331 중화경제의 리더들 | 박형기
332 중국의 엘리트 | 주장환
333 중국의 소수민족 | 정재남
334 중국을 이해하는 9가지 관점 | 우수근
344 보수와 진보의 정신분석 | 김용신 eBook
345 저작권 | 김기태
357 미국의 총기 문화 | 손영호
358 표트르 대제 | 박지배
359 조지 워싱턴 | 김형곤
360 나폴레옹 | 서정복
361 비스마르크 | 김장수
362 모택동 | 김승일
363 러시아의 정체성 | 기연수
364 너는 사창 위험한 로봇이냐 | 오은
365 발레리나를 꿈꾼 로봇 | 김선혁
366 로봇 선생님 가라사대 | 안동근
367 로봇 디자인의 숨겨진 규칙 | 구신애

368 로봇을 향한 열정 일본 애니메이션 | 안병욱
378 데킬라 이야기 | 최명호
380 기후변화 이야기 | 이유진 eBook
385 이슬람 율법 | 공일주 eBook
390 법원 이야기 | 오호택
391 명예훼손이란 무엇인가 | 안상운
392 사법권의 독립 | 조지형
393 피해자학 강의 | 장규원 eBook
394 정보공개란 무엇인가 | 안상운 eBook
396 치명적인 금융위기 왜 유독 대한민국인가 | 오형규 eBook
397 지방자치단체, 돈이 새고 있다 | 최인욱 eBook
398 스마트 위험사회가 온다 | 민경식 eBook
399 한반도 대재난, 대책은 있는가 | 이정직 eBook
400 불안사회 대한민국, 복지가 해답인가 | 신광영 eBook
401 21세기 대한민국 대외전략: 낭비성 평화란 없다 | 김기수
402 보이지 않는 위협, 종북주의 | 류현수 eBook
403 우리 헌법 이야기 | 오호택 eBook
405 문화생활과 문화주택 | 김용범 eBook
406 미래 주거의 대안 | 김세용·이재준 eBook
407 개방과 폐쇄의 딜레마, 북한의 이중적 경제 | 남성욱·정유석 eBook
408 연극과 영화를 통해 본 북한사회 | 민병욱 eBook
409 먹기 위한 개방, 살기 위한 핵외교 | 김계동 eBook
410 북한 정권 붕괴 가능성과 대비 | 전경주 eBook
411 북한을 움직이는 힘 군부의 패권경쟁 | 이영훈 eBook
412 인민의 천국에서 벌어지는 인권유린 | 허만호 eBook
428 역사로 본 중국음식 | 신계숙 eBook
429 일본요리의 역사 | 박병학 eBook
430 한국의 음식문화 | 도현신 eBook
431 프랑스 음식문화 | 민혜련 eBook
438 개헌 이야기 | 오호택
443 국제 난민 이야기 | 김철민
447 브랜드를 알면 자동차가 보인다 | 김흥식 eBook
473 NLL을 말하다 | 이상철 eBook

㈜살림출판사
www.sallimbooks.com
주소 경기도 파주시 문발동 522-1 | 전화 031-955-1350 | 팩스 031-955-1355